Lukrez | Über die Natur der Dinge

[Was bedeutet das alles?]

Lukrez

Über die Natur der Dinge

Ausgewählt und aus dem Lateinischen übersetzt
von Eva Marie Noller

Reclam

RECLAMS UNIVERSAL-BIBLIOTHEK Nr. 14079
2021 Philipp Reclam jun. Verlag GmbH,
Siemensstraße 32, 71254 Ditzingen
Gestaltung: Cornelia Feyll, Friedrich Forssman
Druck und Bindung: Kösel GmbH & Co. KG,
Am Buchweg 1, 87452 Altusried-Krugzell
Printed in Germany 2021

ISBN 978-3-15-014079-6

Auch als E-Book erhältlich

www.reclam.de

Inhalt

Einleitung 7

Über die Natur der Dinge – eine Auswahl 19

1. Buch: Die Grundlagen der epikureischen Physik 21
2. Buch: Die Bewegung der Atome 31
3. Buch: Die Seele und ihre atomare Beschaffenheit 43
4. Buch: Von den Abbildern und von der Wahrnehmung 51
5. Buch: Kosmologie und Kulturgeschichte des Menschen 60
6. Buch: Naturerscheinungen 70

Anmerkungen 79
Literaturhinweise 87

Einleitung

»Nahezu unlesbar«? – *De rerum natura* und die Herausforderungen der Lektüre

»Es ist ein seltsames Verhängnis, dass dieses ungemeine, an ursprünglicher poetischer Begabung den meisten, wo nicht allen seinen Vorgängern weit überlegene Talent in eine Zeit gefallen war, in der es selber sich fremd und verwaist fühlte und infolgedessen in der wunderlichsten Weise sich im Stoffe vergriffen hat.« So äußerte sich der Althistoriker Theodor Mommsen im Jahr 1856 in seiner *Römischen Geschichte* (S. 260) über den Dichter Lukrez und sein Werk *De rerum natura.* Mommsens Urteil spiegelt in exemplarischer Weise das (scheinbare) Paradox wider, das von der Antike bis in die moderne Forschung hinein den Blick auf dieses Gedicht bestimmt hat: Wie ist die hochpoetische Form in lateinischen Hexametern mit seinem Inhalt in Einklang zu bringen, der nach Mommsen »undankbarer« nicht hätte sein können? Dieser »undankbare Inhalt« des Gedichts lässt sich folgendermaßen zusammenfassen: Lukrez stellt das System der epikureischen Philosophie dar und rückt dabei besonders die Physik ins Zentrum, das heißt die Lehre von der Natur und ihren Erscheinungen.

Blendet man jene kritischen Perspektiven einmal aus und fragt nicht danach, was und wie Dichtung sein muss, sondern danach, was Dichtung kann, so wird deutlich: *De rerum natura* macht das Unsichtbare anschaulich. Die epikureische Physik basiert nämlich auf der Annahme, dass die gesamte Welt – bis hin zur Seele des Menschen – aus unsichtbar kleinen Atomen aufgebaut ist. Die Herausforderung besteht nun darin, diese nicht sichtbare Ebene der Welt so zu beschreiben, dass man sie sich vorstellen und sie verstehen kann. *De rerum natura* wird daher der Gattung des Lehrgedichts zugeordnet, also einer Form der Dichtung, die darauf ausgerichtet ist, einem Rezipienten Wissen über einen bestimmten Sachverhalt zu vermitteln. Diese Gattung hat in der griechisch-römischen Antike eine lange Tradition,* das Lehrgedicht des Lukrez aber ist das früheste vollständig überlieferte Lehrgedicht in lateinischer Sprache.

Um besser zu verstehen, welches Konfliktpotential Form und Inhalt von *De rerum natura* bergen, gilt es, sich näher mit der philosophischen Schule des Epikureismus zu befassen und darauf aufbauend genauer in den Blick zu nehmen, wie Lukrez diese Philosophie in seinem Werk zur Darstellung bringt.

Doch zuvor zum Autor selbst.

Titus Lucretius Carus – eine (un)mögliche Biographie

Trotz der zeitlichen Distanz erscheinen uns manche Autoren der Antike recht greifbar. Diese Nähe ist wohl in erster Linie darauf zurückzuführen, dass neben den von ihnen selbst verfassten Werken auch Zeugnisse anderer Autoren über sie überliefert sind oder wir, wie im Fall Ciceros, sogar

* Ein Standardwerk ist nach wie vor Effe (1977), auch wenn seine strikte Klassifizierung der einzelnen Typen des Lehrgedichts in der neuen Forschung zugunsten einer größeren Diversität geöffnet wurde.

seine umfangreiche Briefkorrespondenz lesen können. Freilich sollte man in all diesen Fällen eine gewisse kritische Vorsicht walten lassen: Auch wenn ein »Ich« spricht bzw. schreibt, haben wir es doch mit (literarischen) Texten zu tun, und es ist nicht unproblematisch, diese Texte als uneingeschränkt glaubwürdige, historische Quelle zum Beispiel für »den Menschen« Cicero, wie er »wirklich« war, zu lesen. Es ist immer zu bedenken, dass Texte (nicht nur solche, die Aussagen über Personen treffen) unterschiedliche Aspekte in den Vorder- bzw. Hintergrund stellen und Informationen vorenthalten können; sie können beschönigen, verzerren oder erfinden. Für Lukrez gibt es nur sehr spärliche biographische Zeugnisse.

Seine Lebensdaten lassen sich ungefähr für den Zeitraum 98–55 v. Chr. ansetzen. Lukrez lebte in der späten römischen Republik, einer Zeit, die von großen politischen Konflikten und Umwälzungen geprägt war und an deren Ende der Übergang zur Staatsform des Prinzipats stand. Das Ende der Republik ist vor allem mit Gaius Iulius Caesar (100–44 v. Chr.) verbunden, der als Mitglied des ersten Triumvirats und späterer Alleinherrscher eine immer stärkere Machtkonzentration in Rom herbeiführte. Ungefähr zu dieser Zeit, zu der das endgültige Ende der Republik sich durch die anhaltende, auch gewaltsame Destabilisierung anbahnte, starb Lukrez.

Auch in der lange andauernden Phase der politischen Krise entstand in Rom Literatur, darunter die Dichtungen des Catull, insbesondere aber die umfangreichen Prosaschriften Ciceros (vor allem Reden und philosophische Schriften), Caesars (unter anderem die *Commentarii de bello Gallico*) und Sallusts (Geschichtsschreibung). Auch

Lukrez war kein Unbekannter, wie sich aus einem Brief Ciceros an seinen Bruder Quintus (2,10; datiert auf das Jahr 54 v. Chr.) rekonstruieren lässt. In diesem Brief hebt der berühmte Redner die besondere Begabung (*ingenium*) und Kunstfertigkeit (*ars*) hervor, die aus Lukrez' Versen ersichtlich werde. Auch bekannte Autoren späterer Zeit, wie Vergil oder Ovid, nehmen implizit oder explizit Bezug auf *De rerum natura*. Über Lukrez und sein Leben ist daraus aber so gut wie nichts zu erfahren. Es hat fast den Anschein, als existierte er außerhalb seiner Dichtung nicht.

Wie so häufig trägt der Mangel an greifbaren Fakten zur Legendenbildung bei. Im 4. Jahrhundert schrieb der Kirchenvater Hieronymus in seiner *Chronik* auch über Lukrez. Im Eintrag zum Jahr 94 v. Chr. heißt es: »Der Dichter T. Lucretius wird geboren. Er verfiel später durch einen Liebestrank dem Wahnsinn. Und nachdem er in den Zeiten zwischen seinen Wahnanfällen eine größere Anzahl von Büchern geschrieben hatte [gemeint ist *De rerum natura*], die Cicero später herausgab, tötete er sich im 44. Jahr seines Lebens selbst« (Hieronymus wertete den erwähnten Brief Ciceros an seinen Bruder als Indiz dafür, dass Cicero die Texte herausgegeben habe).

Schenkt man Hieronymus Glauben, so ist *De rerum natura* das Werk eines Liebeskranken. Lukrez habe in den Phasen geistiger Zurechenbarkeit daran gearbeitet. Wie kam Hieronymus zu einer solchen Annahme? Wahrscheinlich durch seine Lektüre von *De rerum natura*. Es scheint, als habe der Kirchenvater einen Teil besonders genau gelesen, nämlich eine Passage im 4. Buch, in der Lukrez die Liebe und die daraus entstehenden Leiden beschreibt (s. S. 56 f.). Hieronymus zieht aus dem Werk Rückschlüsse auf dessen Autor, deutet es also biographisch. Ohne die eigene Erfahrung, so nahm er vielleicht an, könne es kaum möglich sein, so eindrücklich über die abgründigen und gefährlichen Seiten der Liebe zu schreiben. Wenn wir die aus literaturwissenschaftlicher Sicht fragwürdige Vermischung von Dichtung und Leben einmal außer Acht lassen – diese Form der Rezeption durch Hieronymus macht eines deutlich: *De rerum natura* ist ein Werk, dessen Lektüre Eindruck hinterlässt.

De rerum natura von außen – Titel, Geschichte, philosophischer Hintergrund

De rerum natura ist der Titel, unter dem das Gedicht des Lukrez firmiert, und zwar schon in den ältesten erhaltenen Abschriften (sonst wurden antike Werke häufig schlicht nach ihren Anfangsworten bezeichnet – eigene Buchtitel, wie wir sie heute kennen, waren eigentlich kaum gebräuchlich). Wie er adäquat ins Deutsche zu übertragen ist, dafür gibt es unterschiedliche Lösungen. Wörtlich übertragen bedeutet *De rerum natura* »Über die Natur der Dinge«, die *rerum natura* ist aber auch schlicht der lateinische Ausdruck für das, was wir als »Schöpfung« bezeichnen. Im Wort *natura* schwingen nämlich weit mehr Bedeutungen mit als in unserem Wort »Natur«: Es verweist nicht nur auf das Wesen und die Eigenschaften einer Sache (ihre »Natur«, also das, was geworden bzw. entstanden ist), sondern impliziert auch einen dynamischen Aspekt, der vom Ursprung des Wortes *natura* herrührt: *Natura* leitet sich vom Verb *nasci* (»entstehen«, »erzeugt werden«) ab und bezeichnet damit auch das Werden, das heißt den Prozess der Entstehung einer Sache.

Aus einer philosophiegeschichtlichen Perspektive ergibt sich noch ein anderes Bild. Die griechischen Philosophen, die sich lange vor Lukrez mit Fragen nach dem Ursprung und der Erklärung aller Dinge beschäftigten, brachten eine Vielzahl von Werken ganz unterschiedlicher philosophischer Traditionen hervor, die aber alle den gleichen Titel tragen: *Perí phýseos*, was nichts anderes ist als die griechische Version von *De rerum natura*.

Diese Vielschichtigkeit des Titels *De rerum natura* spiegelt sich auch in den deutschen Übersetzungen wider: Hermann Diels orientierte sich 1923 mit »Von der Natur« an den griechischen Vorläufern, Georg Büchner wählte 1956 mit »Welt aus Atomen« einen auf den Inhalt bezogenen Titel, und Klaus Binder übertrug 2014 *De rerum natura* wörtlich mit »Über die Natur der Dinge«.

Wir können Lukrez' Text wie auch die anderen antiken Texte heute nur noch lesen, weil sie immer wieder abgeschrieben und so weiter überliefert wurden. Der Text von *De rerum natura* hat es nur durch viele Zufälle in die heutige Zeit geschafft. Man hat nicht wie von manchen anderen Werken Hunderte Abschriften gefunden, sondern zunächst, in der zweiten Hälfte des 14. Jahrhunderts, nur eine einzige Handschrift, vermutlich in einem Kloster in Süddeutschland (wie der Lukreztext gefunden und gerettet wurde und welchen enormen Einfluss er auf die geistesgeschichtliche Entwicklung Italiens und ganz Europas nahm, legte Stephen Greenblatt 2011 in *The Swerve: How the World Became Modern* dar [2012 auf Deutsch erschienen unter dem Titel *Die Wende – wie die Renaissance begann*]).

Dass das Werk aber auch in der Zeit nach seiner Wiederentdeckung noch nicht der »Gefahrenzone« der Vernichtung entkam, liegt an seinem Inhalt.

De rerum natura vermittelt die wesentlichen Säulen der epikureischen Philosophie. Epikur, der Begründer dieser philosophischen Schule, wirkte im 2. Jahrhundert v. Chr. und hat den (zweifelhaften) Ruf errungen, eine Philosophie der Lust begründet zu haben. Diese Zuschreibung greift aber zu kurz: Die drei Säulen der epikureischen Philosophie – Physik (Naturlehre), Kanonik (Erkenntnislehre) und Ethik (Verhaltenslehre) – dienten nicht dazu, dem Menschen ein ungezügeltes Schwelgen in Genüssen zu ermöglichen und die sinnliche Lust als Hauptziel eines erfüllten Lebens zu proklamieren. Ziel der epikureischen Philosophie ist es vielmehr, den einzelnen Menschen zu einem Leben frei von Unlust, das heißt von schädlichen Formen der inneren Erregung wie Furcht (vor allem vor den Göttern und dem Tod), maßloser Begierde oder Schmerz anzuleiten. Hat der Mensch einen solchen Zustand des Seelenfriedens (*ataraxía*, »Unerschütterlichkeit«), der zugleich auch der Zustand der höchsten Lust (*hedoné* bzw. *voluptas*) ist, erreicht, lebt er in Glückseligkeit (*eudaimonía*, eigentlich: »einen guten Daimon habend«).

Ein weiteres Schlagwort, das im Zusammenhang mit dem Epikureismus meist fällt, lautet: *láthe biósas* – »Lebe im Verborgenen«. Im Epikureismus wird gefordert, der Einzelne solle sich nicht politisch engagieren und im Gemeinwesen einbringen – vielmehr solle er ein Leben in Zurückgezogenheit und Abgeschiedenheit vom »Tagesgeschäft« führen. Auch diese Forderung muss man modifizieren, denn in bestimmten Situationen, die eine Gefahr für das Gemeinwesen darstellen, ist der epikureische Weise durchaus aufgefordert, sich einzubringen.

Der epikureische Hedonismus und das zurückgezogene Leben des Einzelnen spielen in *De rerum natura* aber nicht die Hauptrolle. Lukrez befasst sich mit den Grundlagen der epikureischen Philosophie, der Physik.* Die zentrale Annahme der epikureischen Naturlehre besteht darin, dass alles aus Atomen (*átomos*, »unteilbar«), also für das menschliche Auge unsichtbaren Teilchen besteht.** Durch dieses Wissen lassen sich scheinbar unerklärliche und damit furchteinflößende Naturphänomene wie Erdbeben rational erklären, aber auch die Furcht vor dem Tod und vor allem vor dem, was nach dem Tod kommt, beseitigen. Anders als beispielsweise die Stoa geht der Epikureismus nämlich davon aus, dass auch die Seele sterblich ist. Lukrez beschreibt ihre atomare Struktur im Detail (s. S. 46–49) und hebt her-

* Über das Verhältnis von Lukrez zu Epikur wurde viel geschrieben. Es interessiert dabei meist die Frage, in welcher Weise sich Lukrez mit Epikur auseinandergesetzt hat, den er in *De rerum natura* mehrfach mit einem Gott gleichsetzt. Orientiert sich *De rerum natura* eng an den Inhalten und der Anordnung seiner Schriften? Oder bildet Epikurs Epikureismus nur eine abstrakte Quelle der Anregung, die Lukrez eigenständig weiterentwickelte? Da nur ein Bruchteil der Schriften Epikurs überliefert ist – sein umfangreiches Hauptwerk *Perí phýseos* hat sich nur fragmentarisch erhalten –, lassen sich darauf keine abschließenden Antworten geben. Weiterführend hierzu: Clay (1983) und Sedley (1998).

** Epikur ist aber nicht der Erste, der die Existenz von Atomen annimmt. Als Erste gingen im 5. Jh. v. Chr. die beiden vorsokratischen Philosophen Leukipp und Demokrit davon aus, es müsse unsichtbare, unteilbare und dadurch unzerstörbare Teilchen geben. Epikur hat diese Lehren aufgenommen und weiterentwickelt.

vor, dass sich die Atomverbindungen, die die Seele bilden, nach dem Tod wieder in einzelne Atome auflösen. Was von allem bleibt, sind die unzerstörbaren Atome. Dass die Seele in der Unterwelt Qualen erleidet, ist also unmöglich. Ebenso hat man zu Lebzeiten die Götter nicht zu fürchten: Auch sie bestehen aus Atomen und leben in ihren eigenen Welten, den sogenannten Intermundien (»Zwischenwelten«). Für die Menschen interessieren sie sich nicht; alle Gebete oder Opfer, die ihnen dargebracht werden, bleiben daher ohne Reaktion. Darin liegt ein für Lukrez ganz wesentlicher Punkt: Auch die Angst vor den Göttern und abergläubische Furcht (*religio*) ist unnötig, denn das Leben der Menschen hat nichts mit den Göttern zu tun. Diesen Gedanken wiederholt Lukrez in *De rerum natura* häufig und macht ihn durch Beispiele für irregeleitete Handlungen der Menschen anschaulich. Es ist also kaum verwunderlich, dass Vertreter der christlichen Kirche über die Verbreitung von *De rerum natura* lange Zeit nicht gerade begeistert waren.*

De rerum natura von innen – Inhalt, Sprache und literarische Technik

De rerum natura besteht aus sechs Büchern, die jeweils eine abgeschlossene Einheit bilden und inhaltlich aufeinander aufbauen. In den insgesamt mehr als 7000 Versen

* Welche Konsequenzen die Begeisterung für *De rerum natura* beispielsweise für den ehemaligen Mönch Giordano Bruno hatte, beschreibt Greenblatt (2012, S. 241–249).

legt Lukrez dar, wie das Universum, die Erde, der Mensch (inklusive psychischer Phänomene) und alles, was ihn umgibt, aus Atomen aufgebaut ist. Die ersten beiden Bücher nehmen den Mikrokosmos in den Blick: Hier schafft Lukrez die Wissensbasis für alles Folgende, indem er die Grundprinzipien seines Atomismus darlegt. Eine wichtige Rolle spielen dabei natürlich die unzerstörbaren Atome, die sich durch das unendliche All bewegen und aus deren Zusammenschlüssen sich alle Dinge bilden. Im 3. und 4. Buch widmet sich Lukrez hauptsächlich dem Inneren des Menschen: Im 3. Buch stellt er das Wesen der Seele dar und erläutert unter anderem – immer ausgehend von der atomaren Beschaffenheit aller Dinge –, wie psychische Vorgänge den Körper beeinflussen können (zum Beispiel eine Ohnmacht). Auch das 4. Buch befasst sich mit der Interaktion zwischen Außen und Innen; Lukrez entfaltet darin seine Lehre von den Abbildern (*simulacra*): Alle Dinge entsenden feine Bildchen von ihrer Oberfläche, durch die sich Wahrnehmungsphänomene wie das Sehen oder Schmecken erklären lassen. Daneben setzt sich Lukrez ausführlich mit den dem Seelenfrieden abträglichen Wirkungen der Liebe auseinander. Mit dem 5. und 6. Buch rückt der Beobachtungsfokus dann auf den Makrokosmos, das heißt die Welt und ihre Entstehung, die Kulturgeschichte des Menschen sowie meteorologische Phänomene und Ähnliches.

Lukrez gibt zu Beginn des 1. Buches nicht nur einen kurzen inhaltlichen Abriss seines Werks, er thematisiert auch sein Dichten selbst. So betont er, dass es kein leichtes Unterfangen sei, die bislang nur in griechischer Sprache verfasste epikureische Lehre ins Lateinische zu überführen – und zwar, weil das Lateinische nicht über die nötigen sprachlichen Ausdrucksmöglichkeiten verfüge (*egestas linguae*, »Armut der Sprache«) und weil die Gedanken so neuartig seien (*novitas rerum*, die »Neuartigkeit der Dinge«; s. S. 26). Lukrez steht also vor einer doppelten Herausforderung: Er muss nicht nur geeignete Ausdrucksmöglichkeiten finden, um die jeweiligen Phänomene zu versprachlichen, sondern diese Inhalte auch vorstellbar und verstehbar machen.

Wie Lukrez diese doppelte Aufgabe löst, lässt sich gut am Beispiel der Atome zeigen: Obwohl das Wort *atomus* im Lateinischen existiert, verwendet er es an keiner einzigen Stelle. Wenn Lukrez von den Atomen spricht, gebraucht er vielmehr eine Vielzahl an Ausdrücken, wie *primordia rerum* (»Ursprungsteilchen der Dinge«), *materies* (»Stoff«), *genitalia corpora* (»Zeugungskörper«) oder *semina* (»Samen«).* Bemerkenswert ist dabei vor allem, dass er die Atome, die nichts als »tote« Materie sind, als »Körper« und »Samen« bezeichnet, also als etwas, das schlicht nicht ohne Leben gedacht werden kann. Doch Lukrez verwendet keine »schiefen« Metaphern, denn »Körper« sind die Atome auch deshalb, weil sie ähnliche Verhaltensweisen wie menschliche Körper aufweisen: Sie bewegen sich, treffen sich, gehen Verbindungen ein, kämpfen miteinander oder lösen ihre Verbünde. »Samen« sind die Atome, weil nur aus ihren Verbindungen alle Dinge entstehen können.

In allen seinen Bildern sucht Lukrez nach der größtmöglichen Anschaulichkeit und Eindrücklichkeit. Oftmals

* Zu Beginn von *De rerum natura* gibt Lukrez seinen Lesern eine »Synonymliste« an die Hand (s. S. 23 f.). Die Varianz der Bezeichnungen wurde auch hier in der Übersetzung beibehalten.

greift er dazu auf Vergleichspunkte aus der unmittelbaren Erfahrungswelt des Menschen zurück: Die Kombination unterschiedlicher Buchstaben ergibt verschiedene Wörter, ebenso verhält es sich bei den Atomen; eine ausgetretene Straße zeigt, dass selbst harte Materialien unmerklich feine Körperchen abgeben; das große Sonnensegel eines Theaters gibt bei Wind ein donnerndes Geräusch von sich – so tun es auch vom Wind zusammengetriebene Wolken.

Nicht zuletzt beginnt und endet *De rerum natura* mit zwei Szenen, die eindrücklicher nicht sein könnten: Der Auftritt der Göttin Venus zu Beginn ist ein Bild der Harmonie, Schönheit und des frühlingshaften Wachstums. Die Pest in Athen, deren Beschreibung am Ende steht, malt ein Bild der Hoffnungslosigkeit, des Schreckens und des Verderbens. Warum das Werk auf diese Weise endet, darüber kann man nur mutmaßen. Sicher ist, dass Lukrez seine Leser mit einem Bild entlässt, das nur ein weiteres Mal seine Fähigkeit zeigt, Eindrücke zu schaffen, die bleiben.

Über die Natur der Dinge – eine Auswahl

1. Buch: Die Grundlagen der epikureischen Physik

Lob der Venus und Inhalt des Gedichts (1–79)

In seinem Proömium zum 1. Buch wendet sich Lukrez an die Göttin Venus und bittet sie, ihm beim Verfassen seines Werks zur Seite zu stehen. Ein Großteil dieser Verse besteht in einer hymnischen Anrufung der Göttin und dem bewundernden Lob ihrer Allmacht: Ohne Venus, verstanden als schöpferisches Prinzip der Liebe, gäbe es in der Natur kein Wachstum und keine Fortpflanzung. Venus ist hier aber nicht nur die Personifikation jenes schöpferischen Prinzips. Die ersten Worte des Gedichts lauten: Aeneadum genetrix. *Lukrez verweist damit auf die Bedeutung der Göttin für das Volk der Römer (*Aeneadae*), denn als Mutter von Aeneas, dem Stammvater der Römer, ist sie auch untrennbar mit der Geschichte Roms verbunden.*

Mutter der Aeneaden (*Aeneadum genetrix*),[1] du Wonne (*voluptas*)[2] der Menschen und der Götter, lebensspendende Venus, die du unter den dahingleitenden Zeichen des Himmels das schiffetragende Meer und das fruchtbringende Land reich belebst; ja, durch dich nämlich werden alle Arten von Lebewesen empfangen, und durch dich erblicken sie nach ihrer Geburt das Licht der Sonne: Vor dir, Göttin, weichen die Winde zurück und die Wolken des Himmels, wenn du dich näherst, für dich lässt die kunstfertige Erde liebliche Blumen sprießen, dir lacht das Meer zu, das spiegelglatte, und der Himmel strahlt, friedlich und lichtdurchflutet. Sobald nämlich der Anblick des Frühlingstages sichtbar geworden ist und das fruchtbringende Wehen des Westwinds ungezügelt sich Bahn bricht, zeigen zuerst die Vögel, die Wesen der Luft, dich an, Göttin, und deine Ankunft, und sie sind zutiefst aufgewühlt im Herzen durch deine Macht. Dann springen die wilden Tiere und das Vieh über die üppigen Wiesen und schwimmen durch reißende Flüsse. So von deiner Anmut (*lepos*) in Bann gezogen, folgt dir begierig nach ein jedes Wesen, wohin du es auch führst.[3]

Nachdem du über die Meere und Berge hin, in den reißenden Flüssen und den blättertragenden Behausungen der Vögel und auch auf den grünenden Feldern bei allen Lebewesen süßes Liebesverlangen im Herzen erregt hast, bewirkst du schließlich, dass sich die Geschlechter voller Begierde fortpflanzen, eine jede Art für sich.

Da du allein die Natur der Dinge (*rerum natura*)[4] lenkst und ohne dich nichts zu den göttlichen Gegenden des Lichts [d. h. zur Erde] empordringt, nichts üppig wächst und nichts Liebenswertes entsteht, ist es mein Bestreben, dass du meine Begleiterin bist beim Schreiben der Verse, die ich versuche über die Natur der Dinge zu verfertigen für unseren Freund aus dem Geschlecht der Memmier.[5] Dass er, hochgeehrt in allen Bereichen, zu allen Zeiten sich vor den anderen auszeichnet, hast du, Göttin, bestimmt: Umso mehr, Göttin, verleihe meinen Worten unvergängliche Anmut (*lepos*).[6]

Mach, dass in der Zwischenzeit die grausamen Verpflichtungen des Kriegsdienstes zu Wasser und zu Lande überall ruhen, friedlich schlummernd. Denn du allein kannst mit ruhigem Frieden die Sterblichen erfreuen, da ja der waffenmächtige Mars (*Mavors armipotens*) die grausamen Verpflichtungen des Krieges lenkt, Mars, der sich oft in deinen Schoß zurücklehnt, ganz und gar bezwungen durch die ewige Wunde der Liebe. Und so schaut er auf, den wohlgeformten Hals zurückgelehnt, und nähert durch Liebe seine gierigen Blicke, dich, Göttin, anstaunend, und von deinen Lippen herab hängt der Atem des Zurückgebeugten. Wenn du, Göttin, dich dann mit deinem göttlichen Körper von oben an den Ruhenden schmiegst und ihn umarmst, lass aus deinem Mund süße Worte strömen und erbitte, Vielgenannte, für die Römer ruhigen Frieden.

Denn weder wir können in dieser für die Heimat gefährlichen Zeit[7] gleichmütig unserer Beschäftigung nachgehen, noch kann der hochangesehene Nachkomme des Memmius in einer solchen Lage dem Wohlergehen aller seinen Beistand entziehen.

Was das Übrige anbelangt, Memmius, so wende dein offenes Ohr und deinen von Sorgen freien Geist der wahren Lehre (*vera ratio* – die epikureische Philosophie) zu, damit du meine Geschenke, die ich für dich in treuem Eifer angeordnet habe, nicht verachtet liegen lässt, bevor du sie verstanden hast. Ich will nämlich anfangen, dir das System auseinanderzusetzen, das Himmel und Göttern zugrunde liegt, und dir die Ursprungsteilchen der Dinge (*rerum primordia* – die Atome) auftun, aus denen die Natur alle Dinge erschafft, wachsen lässt und ernährt, und in die die Natur eben diese Dinge, sind sie einmal vernichtet, wieder auflöst; diese Teilchen nennen wir bei unseren Erklärungen üblicherweise ›Stoff‹ (*materies*) und ›Zeugungskörper der Dinge‹ (*genitalia corpora rebus*) und bezeichnen sie als ›Samen der Dinge‹ (*semina rerum*), und für eben dieselben gebrauchen wir den Namen ›Anfangskörper‹ (*corpora prima*), da aus ihnen alle Dinge zuerst bestehen.

Lukrez geht nun über zum Lob des Epikur, des Graius homo, *des »Mannes aus Griechenland«. Bemerkenswert ist, wie Lukrez im Verlauf dieses Passus die Hierarchien von oben und unten verkehrt.*

Als das Leben der Menschen vor aller Augen jämmerlich darniederlag am Boden, niedergedrückt unter der schweren Last der Gottesfurcht (*religio*), die ihr Haupt herabstreckte von den Bezirken des Himmels, droben mit ihrem schauderhaften Anblick den Sterblichen drohend, da wagte es zuerst ein Mann aus Griechenland, seine Augen – die eines Sterblichen – dagegen zu erheben und als Erster sich dem entgegenzustellen; ihn hielt nicht zurück, was man über die Götter erzählt, nicht Blitze, nicht der Himmel mit drohendem Grollen. Im Gegenteil, umso stärker reizt das seinen energischen Mut, so dass er als Erster die fest verschlossenen Riegel der Tore der Natur aufzusprengen begehrte. Die kraftvolle Stärke seines Geistes obsiegte daher, er drang weit hinaus über die flammenden Mauern des Erdkreises und durchwanderte das unermessliche All mit seiner geistigen Kraft.

Von dort bringt er uns als Sieger die Kunde von dem, was entstehen kann und was nicht, auf welche Weise das Vermögen eines jeden Dings seine Grenzen und einen tief eingesenkten Grenzstein hat. Jetzt ist es daher die Gottesfurcht, die, niedergeworfen zu unseren Füßen, zertreten wird, und uns macht der Sieg dem Himmel gleich.

Wie man der *religio* entkommen kann (102–145)

Lukrez zeigt in den Versen, die diesem Abschnitt vorausgehen, zu welchen Taten die Menschen in ihrer falsch verstandenen Gottesfurcht fähig sind: Agamemnon war bereit, seine eigene Tochter Iphigenie zu opfern, um die Göttin Artemis gnädig zu stimmen. Doch so leicht ist es nicht, sich aus den Fängen dieser Gottesfurcht zu lösen …

Du selbst wirst jetzt zum erstbesten Zeitpunkt versuchen, dich von uns loszusagen, weil du überwältigt wurdest von den schreckenkündenden Worten der Priester. Denn freilich: Wie viele Dinge, die in der Lage sind, deine Lebensweise zu verkehren und durch Furcht deine Geschicke in Gänze zu verwirren, können dir schon Träume vorgaukeln! Und zwar zu Recht: Wenn nämlich die Menschen sehen würden, dass ihre Nöte ein sicheres Ende haben,[8] wären sie auf irgendeine Weise in der Lage, den abergläubischen Ängsten und den Drohungen der Priester zu trotzen. Wie es jetzt aber aussieht, gibt es keinen Weg, um Widerstand zu leisten, keinerlei Möglichkeit, da man im Tod ewige Bestrafungen zu fürchten hat. Man weiß nämlich nicht, was das Wesen der Seele ist, ob sie geboren wird oder, im Gegenteil, bei der Geburt [in den Körper] eindringt,[9] ob sie zugleich mit uns zugrunde geht, durch den Tod aufgelöst, oder ob sie die Schatten des Orkus [d. h. der Unterwelt] aufsucht und seine unermesslich weiten Abgründe oder sich auf göttliches Geheiß mit anderen Tieren vereinigt.[10]

Lukrez gibt nun einen kurzen inhaltlichen Abriss seines Gedichts:

[…] Daher müssen wir nicht nur die Dinge, die an der

Oberwelt geschehen, in angemessener Weise berücksichtigen, also wie die Bahnen der Sonne und des Mondes zustande kommen und durch welche Kraft auf der Erde alles gelenkt wird; wir müssen vor allem auch mit scharfem Verstand betrachten, woraus die Seele und das Wesen des Geistes bestehen und was unser Gemüt im Wachzustand bei einem Zusammentreffen in Schrecken versetzt,[11] wenn wir von einer Krankheit heimgesucht werden und wenn wir vom Schlaf begraben sind und infolgedessen die in Person zu erblicken und zu hören scheinen, deren Gebeine nach ihrem Tod die Erde umfängt.

Und es entgeht mir nicht, dass es ein schwieriges Unterfangen ist, die dunklen Funde der Griechen [d. h. der griechischen Philosophie] mit lateinischen Versen zu erhellen (*inlustrare*), zumal da vieles mit Wortneuschöpfungen dargestellt werden muss wegen der Armut der Sprache und der Neuartigkeit der Dinge; doch deine Tüchtigkeit und der erhoffte Genuss süßer Freundschaft raten mir,[12] jede nur erdenkliche Mühe zu meistern, und bringen mich dazu, sternenklare Nächte zu durchwachen und zu suchen, mit welchen Wörtern und welchem Vers ich nun das helle Licht vor deinem Geist ausbreiten könnte, damit du die verborgenen Dinge bis auf das Innerste durchschauen kannst.

Die Welt besteht aus unsichtbaren Atomen (265–270; 298–321)

Und nun: Da ich ja gelehrt habe, dass die Dinge nicht aus dem Nichts (*de nihilo*) erschaffen werden können und, sind sie einmal hervorgebracht worden, nicht wieder zu nichts zurückgeführt werden können – damit du bei alldem nicht irgendwie vielleicht beginnst, an meinen Worten Zweifel zu hegen, weil die Ursprungsteilchen der Dinge mit den Augen nicht gesehen werden können, vernimm, was für Körperchen es, wie du zugeben musst, in den Dingen gibt, die aber nicht gesehen werden können.

In der Folge veranschaulicht Lukrez diese paradoxe Annahme: Dann nehmen wir ferner die verschiedenen Gerüche der Dinge wahr, und doch sehen wir niemals, wie uns diese Gerüche in die Nase steigen, wir erschauen nicht glühende Hitze, nicht können wir mit unseren Augen Kälte bemerken, und gewöhnlich sehen wir auch keine Stimmen; dies alles muss dennoch dem Wesen nach aus Körpern bestehen, da es ja unsere Sinne reizen (*inpellere*) kann.[13] Berühren und berührt werden kann nämlich keine andere Sache – nur ein Körper.

Kleidung dann, die ausgebreitet ist am flutenbrechenden Strand, wird feucht, und eben dieselbe Kleidung trocknet, wenn die Sonne glühend heiß scheint. Doch man hat weder gesehen, auf welche Weise die Feuchtigkeit des Wassers sich darauf festgesetzt hat, noch wiederum, wie sie sich aufgrund der Hitze verflüchtigt hat. Die Feuchtigkeit hat sich daher in kleine Teilchen zerstreut, die die Augen in keiner Weise sehen können. Ja, wenn viele Umläufe der Sonne wiederkehren, wird sogar ein Ring am Finger an der Unterseite durch das Tragen dünn, der Fall von tropfendem Wasser höhlt den Stein, die gekrümmte, eiserne Pflugschar verliert in den Feldern unbemerkt an Größe, und wir sehen, dass die gepflasterte Straßendecke aus Stein schon durch die Füße der Leute abgetreten ist; dann: Die

Standbilder aus Bronze neben den Toren lassen sehen, dass ihre rechte Hand dünner wird aufgrund der häufigen Berührung der Menschen, die grüßend daran vorbeiströmen. Wir sehen daher, dass sich diese Dinge verringern, weil sie abgerieben werden; doch den Anblick der Körper, die zu jedem Zeitpunkt sich abtrennen, hat das Wesen des Sehens missgünstig vor uns verschlossen.

Die Buchstabenanalogie (812–829)

Die Atome haben verschiedene Formen und bringen aus ihren jeweiligen Kombinationen die verschiedenen Dinge in der Welt hervor. Diesen Gedanken veranschaulicht Lukrez mit einem Blick auf sein eigenes Gedicht.

Zweifellos werden wir nämlich in unserem Wachstum von bestimmten Dingen gefördert und genährt, und wiederum anderes wird von bestimmten anderen Dingen gefördert. Freilich: Deshalb, weil viele Ursprungsteilchen, die auf viele Arten vielen Dingen gemeinsam sind, in den Dingen vermischt sind, werden verschiedene Dinge von verschiedenen Dingen genährt. Und es ist oft auch wichtig, mit welchen anderen eben diese Körper in welcher Stellung zusammengehalten werden und welche Bewegungen sie untereinander geben und empfangen. Denn eben sie bilden Himmel, Meer, Erde, Flüsse und die Sonne, ja, die Feldfrüchte, Sträucher und Lebewesen, aber mit anderen Ursprungsteilchen auf andere Weise vermischt, bewegen sie sich. Ja, du siehst, dass sogar überall in unseren eigenen Versen Buchstaben vielen Wörtern gemeinsam sind, wohingegen sich die Verse und Wörter, wie du zugeben musst, der Sache nach[14] und in ihrem klingenden Klang unterscheiden. Zu so viel sind die Buchstaben in der Lage, allein wenn ihre Ordnung vertauscht ist; doch die Ursprungsteilchen der Dinge vermögen noch mehr heranzuziehen, woraus die verschiedenen Dinge, so unterschiedlich sie auch sind, erschaffen werden können.

Das unendliche All (958–983)

Die unerschöpfliche Menge der Atome, aus denen alles entsteht, auch alle Welten, die es gibt, befinden sich nicht in einem begrenzten Raum, sondern das Weltall ist unbegrenzt groß.

Das All ist [...] in keiner Richtung begrenzt; denn es müsste dann ja einen Punkt der äußersten Ausdehnung haben. Weiter: Einen solchen Punkt scheint es von nichts geben zu können, es sei denn, es gibt etwas jenseits davon, das es begrenzt, so dass man es sehen kann. Da man nun ja zugeben muss, dass es außerhalb des Universums nichts gibt, hat es kein Äußerstes, es entbehrt also einer Grenze und eines Endes. Und es ist nicht von Belang, in welche seiner Gegenden du dich stellst: Egal, an welchem Ort sich jemand aufhält, ihm erstreckt sich das unendliche All ebenso weit in alle Richtungen. Wenn man nun außerdem annehmen würde, der Raum sei in seiner Gesamtheit begrenzt, und wenn einer ganz weit nach draußen vorausliefe zu den am weitesten entfernt gelegenen Gegenden und er ein schnell fliegendes Geschoss werfen würde: Ziehst du die Möglichkeit vor, dass sich dieses Geschoss dann, geschleudert von mächtigen Kräften, dahin bewegt, wohin es entsandt wurde, und weit fliegt, oder glaubst du, dass dieses Geschoss etwas hindern könnte und ihm im Weg stehen? Eine Möglichkeit von den beiden musst du anerkennen und wählen. Die eine gleichwie die andere schneidet dir den Ausweg ab und zwingt dich zu dem Zugeständnis, dass das All sich ohne eine Begrenzung erstreckt. Denn sei es, dass es etwas gibt, das verhindert und hemmt, dass das Geschoss dahin fliegt, wohin es geschleudert wurde, und an seinem Ziel landet, sei es, dass es nach draußen fliegt: es ist dann nicht vom Endpunkt ausgegangen.

Auf solche Weise werde ich fortfahren und, wo auch immer du die äußersten Gebiete hinsetzt, die Frage stellen: Was wird dann mit dem Geschoss geschehen? Es wird nämlich eintreten, dass nirgendwo ein Ende bestehen kann, und die Möglichkeit zur Flucht wird immer seine Flucht verlängern.

2. Buch: Die Bewegung der Atome

Die Perspektive des Weisen (1–61)

Süß ist es, wenn auf offener See Stürme die Oberfläche des Meeres aufwühlen, vom Land aus die große Not eines anderen anzusehen, und zwar nicht, weil es ein ergötzliches Vergnügen ist, dass einer sich quält, sondern weil es süß ist, vor Augen zu haben, von welchen Leiden du selbst frei bist; süß ist es auch, große Kriegsgefechte zu betrachten, die auf den Feldern veranstaltet werden, ohne dass du Anteil an der Gefahr hast; doch nichts ist süßer, als in der Höhe auf heiteren Aussichtsplätzen zu verweilen, die sicher erbaut sind durch die Lehre der Weisen und von denen aus du herabblicken kannst und sehen, wie andere überall umherirren, einzeln umherstreifen und nach dem Weg des Lebens suchen, wie sie streitend ihre Geistesgaben vergleichen, wie sie angestrengt nach einem guten Ruf streben, wie sie sich Tag und Nacht abmühen in unermüdlichen Strapazen, um emporzukommen zum Gipfel des Reichtums und um sich der Herrschaft zu bemächtigen. Oh, wie erbärmlich ist der Sinn der Menschen, wie blind ist ihr Herz! In welcher Dunkelheit des Lebens und in wie großen Gefahren verbringt man diese Zeit, eine kurze Spanne an Jahren nur! Sehen die Menschen denn nicht, dass die Natur für sich nichts anderes fordert, als dass der Schmerz abgetrennt und fern sei vom Körper und dass der Geist Freude finde in ergötzlichen Empfindungen, fern von Sorge und Furcht?[15]

Wir sehen also, dass für das Wesen des Körpers überhaupt nur wenige Dinge nötig sind, nämlich die, die den Schmerz beseitigen; in der Folge können sie uns auch viele Freuden bereiten, und das zuweilen auf eine recht angenehme Weise; und die Natur selbst verlangt es nicht, wenn sich nicht goldene Statuen von Jünglingen im Haus befinden, die in der rechten Hand feuertragende Fackeln halten, damit für nächtliche Gastmähler ausreichend Licht vorhanden ist, und die Natur verlangt es auch nicht, wenn nicht das Haus von Silber glänzt und von Gold schimmert, die goldgetäfelten Decken nicht der Kithara[16] ihren Schall widerhallen lassen, während doch Menschen unter sich, im weichen Gras ausgestreckt, in der Nähe eines wasserreichen Baches unter den Ästen eines hochgewachsenen Baumes ohne großen Aufwand ihre Körper auf angenehme Weise erquicken, zumal wenn das Wetter ihnen zulacht und die Jahreszeit die grünenden Gräser mit Blüten bestreut.

Heiße Fieberschübe weichen nicht schneller vom Körper, wenn du dich auf gestickten Bildern oder einer rötlich gefärbten Purpurdecke hin und her wirfst, als wenn man auf einer gewöhnlichen Decke liegen muss. Deswegen: Da ja Schätze unserem Körper nichts nützen, auch nicht der vornehme Stand oder Herrschaftsruhm, muss man, was das angeht, annehmen, dass sie auch für den Geist von keinem Nutzen sind; es müsste denn sein, dass dir dann, wenn du siehst, wie deine Legionen über die Ebene des Feldes branden und dabei Bilder von Krieg aufziehen lassen,[17] verstärkt durch mächtige Hilfstruppen, ausgerüstet mit Waffen und mutig gestimmt, durch diese Dinge deine abergläubischen Gedanken in Furcht gesetzt werden und zitternd aus deinem Geist fliehen und dass dann deine Ängste vor dem Tod deine Brust leer zurücklassen und frei von Sorge. Wenn wir nun sehen, dass die gerade genannten Dinge Hohn und Spott sind und in Wahrheit die Furcht der Menschen und ihr ständiger Begleiter, die Sorgen, keine Angst haben vor dem Lärm der Waffen oder grausamen Geschossen und dreist sich herumtreiben unter Königen und mächtigen Herrschern, keine Achtung zeigen vor dem Glanz des Goldes oder vor der hell leuchtenden Pracht purpurner Decken, warum zweifelst du da, dass all dies das Vermögen der Vernunft ist, zumal wenn unser Leben ganz in Finsternis sein Dasein fristet. Denn wie Kinder zittern und alles im finsteren Dunkel fürchten, so haben wir bisweilen am hellen Tag Angst vor Dingen, die man um nichts mehr zu fürchten hat als das, vor dem Kinder sich ängstigen und dessen baldiges Kommen sie sich einbilden.

So muss es daher sein: Nicht die Strahlen der Sonne und nicht die Lichtgeschosse des Tages zerschmettern diesen Schrecken für den Geist und diese Dunkelheit, sondern die Betrachtung der Natur und die Einsicht in ihre Prinzipien.

Und nun weiter: Durch welche Bewegung die Zeugungskörperchen (*genitalia corpora*) des Stoffes die verschiedenartigen Dinge hervorbringen und sie danach auch wieder auflösen, durch welche Kraft sie dazu gezwungen werden, das zu tun, und welche Bewegung ihnen gegeben ist, um durch das große Leere[18] zu ziehen, das alles will ich dir jetzt darlegen. Und du, denke daran, dich meinen Worten hinzugeben.

Denn der Stoff hängt sicher nicht dicht zusammengepresst unter sich zusammen, da wir ja sehen, dass sich eine jede Sache vermindert, und wir wahrnehmen, wie alles gleichsam dahinfließt im ewigen Lauf der Zeit und das Alter es unseren Augen entzieht, wohingegen das Ganze unversehrt zu bleiben scheint; und zwar aus dem Grund, weil die Körper eines jeden Dings, die sich abscheiden, das verringern, von dem sie weggehen, und das, wohin sie gekommen sind, mit Wachstum beschenken, jenes also zu altern zwingen, dieses aber zu erblühen, und sie nicht dort, in diesem Zustand, verweilen. So erneuert sich die Gesamtheit der Dinge stets und die sterblichen Wesen leben miteinander im wechselseitigen Austausch. Die einen Geschlechter wachsen, die anderen schwinden, und innerhalb kurzer Zeit wechseln die Generationen der Lebewesen, und wie Läufer geben sie sozusagen die Fackel des Lebens weiter.[19]

Wenn du nun glaubst, die Ursprungsteilchen der Dinge (*primordia rerum*) könnten rasten und im Stillstehen neue Bewegungen der Dinge hervorbringen, kommst du weit ab vom Weg der wahren Lehre. Denn da sie ja durch den leeren Raum streifen, müssen sich alle Ursprungsteilchen der Dinge notwendigerweise entweder durch ihr eigenes Gewicht fortbewegen oder manchmal durch den Stoß eines anderen.[20] Denn wenn sie in raschem Lauf oft sich begegnen und zusammenprallen, geschieht es, dass sie plötzlich in unterschiedliche Richtungen jäh auseinanderspringen; und das ist freilich kein Wunder, denn sie sind äußerst hart durch ihre Dichte und ihr Gewicht, und nichts steht dort [im leeren Raum] in ihrem Rücken im Weg.

Das Getümmel der Atome (109–141)

Neben atomaren Verbindungen, die für einen kürzeren oder längeren Zeitraum bestehen, gibt es auch Atome, die einzeln im All herumschwirren.

Außerdem ziehen viele durch die weite Leere, die aus den Verbünden, welche die Dinge hervorbringen, herausgeschleudert wurden und die nirgendwo wieder aufgenommen werden und ihre Bewegungen vereinigen konnten.[21] Für diesen Sachverhalt, wie ich ihn darlege, schwebt uns stets ein einprägsames Abbild (*simulacrum*) und Gleichnis (*imago*) vor Augen. Richte nämlich deinen Blick darauf, wenn das Licht der Sonne und wenn ihre Strahlen einfallen und in einen dunklen Raum strömen: Du wirst sehen, dass sich viele winzige Körper auf vielerlei Art im Leeren[22] vermischen in eben diesem Licht der Strahlen und wie in einem nie enden wollenden Kampf sich Schlachten und Gefechte liefern, in Schwadronen sich bekriegend, und sich keine Pause gönnen, in rastlose Bewegung gesetzt durch häufige Zusammenschlüsse und Trennungen; daraus kannst du folglich schließen, was es bedeutet, dass die Ursprungsteilchen der Dinge stets im großen Leeren umhergeschleudert werden. Eine kleine und unbedeutende Sache kann uns in einem gewissen Maß ein Beispiel für große Dinge geben und uns auf die Spuren eines abstrakten Konzepts bringen.

Daher ist es auch umso angemessener, dass du deine Aufmerksamkeit auf diese Körper richtest, die, wie man sieht, in den Strahlen der Sonne sich tummeln (*turbare*), weil solches Getümmel (*turba*) auch zeigt, dass ihm verborgene und nicht wahrnehmbare Bewegungen des Stoffes zugrunde liegen. Du wirst nämlich sehen, dass viele dort, von unsichtbaren Schlägen angetrieben, ihren Weg ändern und, rückwärts zurückgestoßen, kehrtmachen, bald hierhin, bald dorthin, überall in alle Richtungen. Freilich: Diese herumirrende Bewegung (*error*) ist ihnen allen [d.h. den winzigen Staubpartikeln] von den Ursprungsteilchen herkommend zu eigen. Als Erste bewegen sich nämlich von sich aus die Ursprungskörperchen der Dinge. Dann werden die Körper, die aus winzigen Verbindungen bestehen und gewissermaßen den Kräften[23] der Ursprungsteilchen am nächsten kommen, in Bewegung versetzt, angestoßen durch die unsichtbaren Stöße jener Körperchen, und sie selbst wiederum reizen ein wenig größere Körper zur Bewegung. So steigt die Bewegung von den Ursprungskörperchen ausgehend auf und dringt allmählich heraus zu unseren Sinnen, so dass auch jene Teilchen sich bewegen, die wir im Licht der Sonne sehen können, und nicht offen zutage tritt, aufgrund welcher Stöße sie dies tun.

Wohin Unwissenheit führt (167–182)

Doch freilich glauben dagegen manche Menschen – die, die keine Kenntnis von der Beschaffenheit des Stoffes haben –, dass die Natur ohne das Wirken der Götter nicht so passend zu den Plänen der Menschen die Jahreszeiten ändern und die Feldfrüchte hervorbringen könnte, und noch das Übrige, dem zuzuwenden die göttliche Lust (*voluptas*), die Führerin des Lebens, den Menschen zuredet und zu dem sie ihn selbst hinführt; und durch das Vermögen der Venus lockt sie dazu, sich zu vermehren, damit das Geschlecht der Menschen nicht zugrunde geht.

Wenn die Leute erdichten, dass die Götter all das nur um der Menschen willen so festgesetzt haben, kommen sie, wie es scheint, in all diesen Dingen ganz besonders von der wahren Lehre ab. Denn selbst wenn ich nicht wüsste, was die Ursprungskörper der Dinge sind, würde ich doch wagen, dies aus den Gesetzmäßigkeiten gerade des Himmels selbst zu erklären und aus vielen anderen Dingen zu beweisen, dass für uns die Welt, wie sie ist, keineswegs durch die Götter erschaffen wurde: Mit welch großer Schuld ist sie behaftet! Das werden wir dir, Memmius, später offenlegen.[24]

Die nicht wahrnehmbaren Bewegungen der Atome (308–332)

Lukrez begegnet impliziten Einwänden gegen die Theorie von der atomaren Beschaffenheit der Welt: Wie kann man glauben, dass die Atome sich unentwegt bewegen, wo es doch Gegenstände gibt, die vor unseren Augen vollkommen unbewegt sind?

Dabei ist es nicht verwunderlich, weshalb, wenn alle Ursprungsteilchen der Dinge in Bewegung sind, das Ganze (*summa*) dennoch ganz (*summa*)[25] in Ruhe zu stehen scheint, außer wenn etwas durch seinen eigenen Körper Bewegungen vollführt. Das Wesen der Ursprungsteilchen liegt nämlich vollständig weit unterhalb unserer Sinneswahrnehmungen; und weil du jene nun ja nicht sehen kannst, deshalb müssen sie auch ihre Bewegungen deinem

Blick entziehen; zumal da das, was wir sehen können, oft auch seine Bewegungen verbirgt, weil es durch den Abstand zwischen den Orten von uns entfernt ist. Oft nämlich ziehen, die üppigen Weiden abgrasend, wolltragende Schafe gemächlich auf einem Hügel umher, dorthin, wo ein jedes die vom frischen Tau glitzernden Gräser einladend locken, und die gesättigten Lämmer spielen, stoßen liebkosend mit ihren Hörnern.

All das erscheint uns von Weitem verschwommen (*confusus*), und es kommt uns vor, als befände sich auf dem Hügel nur eine weiße Masse. Außerdem: Wenn mächtige Legionen in raschem Lauf den Raum einer Ebene füllen und dabei Bilder des Krieges heraufziehen lassen, wenn sich dort das Blitzen [der Waffen] zum Himmel erhebt, die Erde vom Erz ringsum schimmert und durch die Stärke der Männer unter ihren Beinen bebt, wenn, durch das Geschrei getroffen, die Berge das Stimmengewirr bis zu den Sternen des Himmels zurückwerfen und die Reiter umherschwärmen, unvermittelt die Seiten wechseln und dabei das Feld in der Mitte durch ihren heftigen Angriff erschüttern – dann gibt es trotzdem einen Ort hoch in den Bergen, von wo aus gesehen alles stillzustehen scheint und es den Anschein hat, als stünde auf den Feldern ruhig das Waffenblitzen.

Die Formen der Atome (333–366)

Und jetzt los: Vernimm nun hierauf, wie mannigfaltig die Anfangsteilchen aller Dinge sind aufgrund ihrer verschiedenartigen Formen; nicht, als ob nur wenige sich in ihrer

Form ähnelten, sondern weil gewöhnlich nicht alle Teilchen allen gleichen. Und das ist nicht verwunderlich: denn weil ihre Menge so groß ist, dass sie weder eine Grenze haben, wie ich bereits gelehrt habe, noch eine Gesamtzahl, dürfen sie freilich nicht alle ganz und gar mit einer allen gleichen Gestalt und ähnlichen Form beschaffen sein.

Überdies: Das Menschengeschlecht und die stummen Scharen der schuppigen Wesen, die im Meer schwimmen, die üppigen Sträucher, die wilden Tiere und bunten Vögel, die häufig die heiteren Gegenden an Gewässern, rings um Ufer, Quellen und Seen aufsuchen und die die unwegsamen Haine bevölkern, sie nach allen Seiten durchfliegend – fahre fort, von ihnen ein beliebiges Tier dir klassenweise vorzunehmen: Du wirst finden, dass sie sich dennoch untereinander in ihrer Gestalt unterscheiden.

Anders könnte ein Junges nicht seine Mutter erkennen und die Mutter nicht ihr Junges; wir sehen, dass sie es können und dass sie nicht weniger als Menschen untereinander bekannt erscheinen. Denn häufig schon ist vor den prächtigen Tempeln der Götter ein Kälbchen geopfert zu Boden gestürzt neben den Altären, auf denen Weihrauch verbrannt wird, und es lässt dabei aus seiner Brust einen warmen Blutstrahl herausstürzen; die Mutter aber durchstreift [ihres Kindes] beraubt die grünen Waldtäler und erkennt auf dem Boden seine Spuren, die es mit seinen gespaltenen Hufen dort eingedrückt hat, sie sucht mit ihren Augen alle Orte ab, ob sie irgendwo ihr verlorenes Kind erblicken könnte, und sie bleibt stehen, erfüllt mit ihren Klagen den belaubten Hain, immer wieder kommt sie zum Stall und sieht nach, weil sie durchbohrt ist von der Sehnsucht nach ihrem Jungen, und nicht zarte Weiden, von Tau erfrischte

Gräser, nicht ihr wohlbekannte Ströme, die am äußersten Rand der Ufer dahingleiten, können ihr Herz erfreuen und die dringliche Sorge von ihr nehmen. Und auch der Anblick anderer Kälber auf den üppigen Weiden kann sie nicht ablenken und den Kummer ihr nehmen: so sehr verlangt es sie nach dem Eigenen und Bekannten.

Wie Atome unterschiedliche Geschmacksempfindungen erzeugen (398–407)

Es kommt hinzu, dass die Flüssigkeiten Honig und Milch mit einem angenehmen Gefühl für die Zunge im Mund umherbewegt werden, das garstige Wesen des Wermut (*apsinthium*) dagegen und des grausamen Tausendgüldenkrauts[26] verzieht uns durch seinen abscheulichen Geschmack den Mund, so dass du leicht erkennen kannst: Aus glatten und runden Teilchen ist das, was unsere Sinne in angenehmer Weise berühren kann, was dagegen aber bitter und rau erscheint, das wird untereinander von hakigeren Teilchen verknüpft gehalten. Das reißt daher für gewöhnlich die Zugangswege zu unseren Sinnen auf und durchbricht den Körper bei seinem Eindringen.

Das Ende unserer Welt (1144–74)

Eine zentrale Annahme der epikureischen Philosophie ist, dass alle Dinge einmal zugrunde gehen, da die atomaren Verbünde sich mit der Zeit durch das Ablösen einzelner Atome oder durch Schläge von außen auflösen. Mit diesem Bild endet das 2. Buch.

So werden auch die Mauern der weiten Welt, sind sie einmal erstürmt, ringsum zerfallen und vermodert einstürzen. Nahrung muss nämlich alle Dinge wiederherstellen, indem sie sie auffrischt, sie muss alle Dinge stärken, muss alle Dinge erhalten, aber zwecklos, da ja weder die Adern dem standhalten können, was ausreichend ist, noch die Natur so viel gibt, wie nötig wäre. Und schon ist das Leben zermahlen und die Erde, kraftlos durch ihr vieles Gebären, bringt mit Mühe noch kleine Lebewesen hervor, sie, die alle Arten erschuf und die riesigen Körper der wilden Tiere gebar. Nicht hat nämlich, wie ich glaube, ein goldenes Seil die Geschlechter der Sterblichen von oben vom Himmel herabgelassen, und auch nicht das Meer oder die Fluten, die an die Felsen schlagen, haben sie erschaffen, sondern eben diese Erde hat das geboren, was sie nun aus sich selbst ernährt. Zudem hat sie selbst von sich aus für die Sterblichen die prangenden Feldfrüchte hervorgebracht und die üppigen Weinberge, sie war es, die süße Früchte geschenkt hat und fruchtbare Weiden; dies alles wächst nun kaum noch, obwohl wir es unter Mühen im Wachstum befördern, und wir erschöpfen unsere Rinder und richten sie zugrunde, ebenso die Kräfte der Bauern, wir brauchen das Eisen auf, nur spärlich sind wir mit Ackerland versorgt: so sehr ist es sparsam mit den Früchten und vergrößert die Arbeit.

Und schon seufzt der betagte Pflüger öfter auf, schüttelt sein Haupt, dass seine großen Mühen nutzlos vergangen sind, und vergleicht die gegenwärtigen Zeiten mit den vergangenen, lobt oft das Schicksal seines Vaters. Ebenso klagt auch traurig der Pflanzer der ins Alter gekommenen Rebe, schimpft auf die Bewegung der Zeit, verflucht den Himmel und grummelt vor sich hin, wie das alte Geschlecht, erfüllt von tugendhafter Gesinnung, so leicht sein Leben ertrug auf den engen Landstücken, obwohl früher für jeden Einzelnen die Fläche eines Ackers viel kleiner war; und er erfasst nicht, dass nach und nach alles vergeht und, vollkommen erschöpft durch die lange Spanne des Lebens, zugrunde geht.[27]

3. Buch: Die Seele und ihre atomare Beschaffenheit

Lob Epikurs (1–30)

Oh du, der du als Erster es vermochtest, aus abgrundtiefer Dunkelheit so helles Licht emporzustrecken und die wahren Freuden des Lebens zu erleuchten,[28] dir, oh Zierde der Griechen, folge ich nach, und in die Spuren, die du hinterlassen hast, setze ich tief die Sohlen meiner Füße, nicht so sehr begierig, mit dir in einen Wettstreit zu treten, vielmehr wegen meiner Liebe zu dir: Denn mich verlangt es, es dir nachzutun; wie könnte denn auch die Schwalbe sich mit dem Schwan messen, wie könnten Böckchen mit ihren zitternden Gliedern in ihrem Lauf Ähnliches zu tun in der Lage sein wie starke Pferde? Du, Vater, bist der Entdecker der Dinge (*inventor rerum*[29]), du stehst uns durch deine Lehre zur Seite, und so, wie Bienen in blütenreichen, waldigen Tälern alles kostend genießen, weiden wir aus deinen Schriften, Ruhmreicher, all deine goldenen Worte ab, golden sind sie und immer der Unsterblichkeit würdig.

Sobald nämlich deine Philosophie, die aus einem göttlichen Geist entstanden ist, begonnen hat, ihre Stimme laut zu erheben und vom Wesen der Dinge zu künden, stieben die Schrecken, die die Seele belasten, auseinander, die Mauern des Weltalls weichen zurück, und ich sehe, wie die Dinge sich durch die ganze Leere[30] bewegen. Es werden die Erhabenheit der Götter und ihre friedlichen Wohnsitze sichtbar, die weder Winde erschüttern noch Regenschauer benetzen und denen auch kein Schnee Schaden zufügt, der weiß herabfällt, mit kalt-schneidendem Reif. Immer beschirmt sie ein wolkenloser Äther und lacht ihnen zu, sein Licht überall vergießend. Alles schenkt ferner reichlich die Natur, und nichts schmälert jemals den Seelenfrieden.

Doch nirgendwo werden dagegen die Bezirke des Acheron[31] sichtbar, und die Erde verhindert nicht, dass man alles genau erblicken kann, was auch immer unter unseren Füßen in der Leere geschieht.[32] Dort ergreift mich durch diese Dinge wahrhaft göttliche Lust und Schauder, weil die Natur durch dein Vermögen so anschaulich sich offenbart und von allen Seiten sichtbar gemacht worden ist.

Geist und Seele und wie eine Ohnmacht funktioniert (136–167)

Der folgende Abschnitt zeigt ein von Lukrez häufig angewandtes Argumentationsmuster. Zunächst kündigt er sein neues Thema an und erläutert es auf einer abstrakten Ebene: Im menschlichen Körper sitzen Geist und Seele, die die Gefühlsregungen des Menschen bewirken. Um diesen Sachverhalt zu veranschaulichen, greift Lukrez dann auf Beispiele aus der unmittelbaren Lebenswirklichkeit des Menschen zurück.

Jetzt sage ich weiter, dass der Geist (*animus*) und die Seele (*anima*) in einem Verbund untereinander zusammengehalten werden und dass sie aus sich ein Wesen bilden,[33] doch dass die Fähigkeit, planvoll zu denken, die wir Geist und Verstand nennen, sozusagen das Haupt ist und im ganzen Körper herrscht. Sie hat ihren Sitz mitten in der Brust und ist dort fest verankert. Hier pochen nämlich Entsetzen und Furcht, diese Bereiche des Körpers liebkosen die Freuden; hier also sind Verstand und Geist angesiedelt. Der übrige Teil der Seele (*anima*)[34] ist im ganzen Körper verstreut, gehorcht und wird in Bewegung versetzt nach dem Willen und dem Anstoß des Verstandes. Er ist nämlich aus sich selbst heraus für sich weise, freut sich über seine eigenen Freuden, obwohl weder die Seele noch den Körper etwas bewegt.

Und wie wir, wenn unser Kopf oder eines unserer Augen verletzt wird, weil uns der Schmerz in uns angreift, nicht am ganzen Körper Qualen erleiden, so wird auch der Geist selbst zuweilen verletzt oder er regt sich voll Freude, während der übrige Teil der Seele in den Gliedern durch keinerlei neue Gefühlsregung in Erregung versetzt wird. Doch sobald der Verstand durch heftige Furcht stärker erschüttert worden ist, sehen wir, dass die Seele in ihrer Gesamtheit überall in den Gliedern die gleiche Empfindung hat: Wir sehen, dass so am ganzen Körper Schweiß ausbricht und Blässe ihn überzieht, dass die Zunge stockt und die Stimme bricht, dass es dunkel wird vor den Augen, dass die Ohren dröhnen und die Beine in sich zusammenknicken, kurz: wir sehen, dass Menschen oftmals wegen eines Schreckens für die Seele zusammenbrechen; jeder kann daraus leicht erkennen, dass die Seele mit dem Geist verbunden ist, die, wenn sie von der Kraft des Geistes erschüttert wurde, dem Körper einen Stoß versetzt und ihn niederwirft.

Eben dieser Mechanismus lehrt uns, dass das Wesen des Geistes und der Seele körperlich[35] ist; sobald man nämlich sieht, dass sie die Glieder umstoßen, dass sie den Körper aus dem Schlaf reißen, den Gesichtsausdruck eines Menschen verändern und ihn gänzlich lenken (*regere*) und wenden (*versare*)[36] – nichts von dem kann ohne Berührung geschehen, wie wir sehen, und Berührung gibt es nicht ohne Körper –, muss man da nicht zugeben, dass Geist und Seele von körperlicher Natur sind?

Wie kann auch die Seele aus Atomen aufgebaut sein? (374–395)

Auch die Seele ist aus Atomen aufgebaut. Daher löst sie sich nach dem Tod, wie auch der Körper, wieder in ihre Grundbestandteile auf. Es besteht also kein Grund zu der Sorge, die Seele könnte, weil sie nach dem Tod weiterlebt, in der Unterwelt Qualen erleiden. Die Seelenatome sind aber etwas anders beschaffen als die Atome der übrigen Dinge.

Die Atome (*elementa*) der Seele sind zum einen viel kleiner als diejenigen, aus denen unser Körper und unser Inneres bestehen, zum anderen sind sie geringer an der Zahl und nur spärlich verteilt in den Gliedern, so dass man nicht mehr als das Folgende zusichern kann: Wie klein die Ursprungskörperchen (*prima corpora*) sind, die, auf uns geworfen, in unserem Körper Empfindung verursachende Bewegungen hervorrufen, so groß sind die Abstände, die die Ursprungsteilchen der Seele (*exordia prima animai*) einhalten.[37] Wir fühlen nämlich weder an unserem Körper, dass daran bisweilen Staub hängt, noch, wie sich auf unsere Glieder Kreide niedersenkt, auch spüren wir nicht nächtlichen Nebel, nicht die feinen Fäden der Spinne, die uns im Weg sind, wenn wir uns im Vorbeigehen in ihrem Netz verstricken,[38] nicht, dass ihr feines Gewebe über unseren Kopf geschwebt ist, auch nicht Flaumfedern von Vögeln oder herumschwebende Samenkronen[39], die wegen ihrer so großen Leichtigkeit meist nur ungern niedersinken; wir spüren nicht das plötzliche Krabbeln irgendeines Tieres und nicht jeden einzelnen Abdruck eines Beinchens, den Mücken und anderes Getier auf unserem Körper hinterlassen.

Erst muss in uns recht viel in Bewegung versetzt werden, bevor nach einem Stoß die Ursprungsteilchen der Seele, also die Samen, die unserem Körper in den Gliedern beigemischt sind, beginnen, etwas wahrzunehmen und sich in solch großen Abständen hin und her zu bewegen, sich zusammenzufinden und wieder auseinanderzuspringen.

Über das Betrunkensein (476–486)

Für Lukrez sind Körper und Geist nicht klar voneinander zu scheiden, sondern hängen untrennbar zusammen. Besonders gut erkennt diesen Zusammenhang, wer sich genauer ansieht, was im Zustand des Betrunkenseins in Körper und Geist eines Menschen geschieht.

Wenn die feurige Kraft des Weines einen Menschen durchdringt und die Hitze die Adern durchströmt und sich ausbreitet, warum folgt darauf Gliederschwere, warum verknoten sich bei einem Dahintorkelnden die Beine, warum wird die Zunge schwer und trieft der Geist [vor Wein], warum schwimmen die Augen, warum nehmen Geschrei,

Schluchzen und Streitereien allmählich zu und warum folgt noch anderes von dieser Art, was auch immer es ist? Warum nur gibt es all das, wenn nicht deshalb, weil das hitzige Ungestüm des Weines für gewöhnlich die Seele im Körper selbst in Verwirrung bringt? Doch was auch immer in Verwirrung gestürzt und gehemmt werden kann, gibt dadurch zu erkennen, dass es zugrunde geht, eines Lebens in künftiger Zeit beraubt, wenn die Ursache für all das noch ein wenig unnachgiebiger eindringt.[40]

Warum die Seele ebenso wie der Körper sterblich ist (741–759)

Die Seele ist sterblich, weil auch sie aus Atomen besteht, die sich zusammenfinden und wieder auflösen können. Da diese Annahme für die Lehre des Lukrez von großer Bedeutung ist, führt er 29 Beweise dafür an, darunter auch den folgenden.

Zuletzt: Warum ist grimmige Wildheit Begleiterin der zornigen Gattung der Löwen, warum List die Begleiterin der Füchse und der Fluchtinstinkt die Begleiterin der Hirsche, und außerdem: Warum entwickeln sich in den Gliedern und im Geist ab der Geburt all die anderen derartigen Charaktermerkmale? Doch gewiss nur, weil die geistige Kraft, die durch ihren Samen und durch die Art, der sie angehört, von einer anderen verschieden ist, auch gemeinsam mit dem jeweiligen Körper heranwächst.

Wenn diese Kraft unsterblich wäre und gewohnt, ihren Körper zu wechseln,[41] gäbe es Lebewesen mit vermischten Charaktereigenschaften: Da würde ein Hund aus der Rasse der Hyrkaner[42] häufig fliehen vor dem Angriff des geweihtragenden Hirsches, der Falke würde zittern in luftiger Höhe und die Flucht ergreifen, käme eine Taube, die Menschen wären ohne Verstand, verständig dagegen die Arten der wilden Tiere.

Das nämlich wird fälschlicherweise behauptet, was man sagt: die unsterbliche Seele wandle auch sich mit der Veränderung des Körpers. Was sich verändert, löst sich nämlich auf, es geht also zugrunde. Denn die Einzelteile werden ausgetauscht und bewegen sich aus ihrer Ordnung; weil das so ist, müssen sie sich auch in den Gliedern auflösen können, damit alles schließlich zusammen mit dem Körper zugrunde geht.

Warum viele Menschen ein unglückliches Leben führen (1060–75)

Zum Ende des 3. Buchs macht Lukrez die irrationale Angst des Menschen vor dem Tod zum Thema. Eine Rolle spielt dabei, dass die Menschen oftmals nichts mit ihrem Leben anzufangen wissen.

Häufig geht einer, der überdrüssig ist, sich daheim aufzuhalten, aus seinem geräumigen Haus und macht plötzlich kehrt, freilich weil er merkt, dass es draußen um nichts besser ist. Er rast überstürzt, seine Ponys hetzend, zu seinem Landgut, dabei treibend, als ob er seinem brennenden Haus zu Hilfe eile; hat er die Schwelle seines Landhauses berührt, gähnt er auf der Stelle, versinkt entweder in tiefen Schlaf und sucht nach Vergessen, oder er strebt sogar eilends zurück in die Stadt und sucht sie erneut auf. Auf diese

Weise flieht ein jeder vor sich selbst; doch wie es so ist: Es ist natürlich nicht möglich, sich selbst zu entkommen; er steckt wider Willen fest, und er hasst es deswegen, weil er, ein Kranker, den Grund für seine Krankheit nicht begreift; würde er ihn klar erkennen, so würde ein jeder alles stehen und liegen lassen und zuallererst versuchen, Kenntnis über die Natur der Dinge zu erlangen (*naturam rerum cognoscere*), da es ja um seinen Zustand in der ewigen Zeit geht, nicht einer einzelnen Stunde, um den Zustand, in dem sich das gesamte Leben der Sterblichen dann befindet – was für ein Leben auch immer nach dem Tod bleibt und fortdauert.

4. Buch: Von den Abbildern und von der Wahrnehmung

Der Dichter als Wanderer (1–44)

Lukrez eröffnet das 4. Buch mit einem Bild, das ihn selbst als Wanderer in bislang unbekanntem Gelände zeigt. Es steht als Metapher für die Neuartigkeit der Dichtung, die er mit De rerum natura *entfaltet: Lukrez schrieb das erste lateinische Lehrgedicht und das einzige, das die epikureische Philosophie zum Gegenstand hat. Auch die anderen Bilder, die er in seinen Eingangsversen aufruft, sind Metaphern für den Vorgang des Dichtens und der dichterischen Inspiration.*

Ich wandere durch abgelegenes Musengefilde, das zuvor keines Menschen Fuß betreten hat. Freude macht es mir, noch unberührte Quellen aufzusuchen und daraus zu schöpfen, frische Blumen zu pflücken und von dort einen prachtvollen Kranz für mein Haupt zu holen, woher die Musen zuvor noch niemandem die Schläfen umwanden; zunächst einmal, weil ich über große Dinge lehre und mich aufmache, den Geist der Menschen aus den engen Fesseln der Gottesfurcht (*religio*) zu lösen; dann, weil ich über einen dunklen Gegenstand so erhellende Verse dichte und sie dabei alle mit der Anmut der Musen berühre. Denn auch das scheint mir nicht ohne Grund zu sein: Wenn Ärzte nämlich versuchen, Kindern bittere Medizin zu verabreichen, bestreichen sie vorher den Rand des Bechers ringsum mit süßem, goldenem Honig, damit das nichtsahnende

Alter der Kinder bis zu den Lippen getäuscht wird, es unterdessen aber die bittere Flüssigkeit der Medizin ganz austrinkt und, wiewohl getäuscht, nicht betrogen wird, sondern sich vielmehr auf solche Weise erholt und wieder zu Kräften kommt; so wie jene wollte ich dir nun, da diese Lehre ja denen ziemlich trocken erscheint, die sich nicht damit befassen, und die Leute davor zurückschrecken, mit meiner durch die Musen lieblich klingenden Dichtung unser philosophisches System darlegen und es sozusagen mit süßem Musenhonig bestreichen, so dass ich vielleicht deine Aufmerksamkeit auf eine solche Art und Weise bei unseren Versen halten kann, bis du das gesamte Wesen der Dinge erfasst und ihren Nutzen ganz wahrnimmst.

Und da ich ja gelehrt habe, was die Natur der Seele ist, aus welchen Dingen zusammengefügt sie mit dem Körper sich lebendig regt und auf welche Weise sie, ist sie einmal aufgelöst, zu ihren Ursprungsteilchen zurückkehrt, werde ich nun beginnen dir darzulegen, was von höchster Bedeutung für diese Dinge ist, nämlich dass es etwas gibt, das wir Abbilder (*simulacra*) nennen; diese Abbilder, die wie Häutchen ganz außen vom Körper der Dinge abgerissen sind, fliegen kreuz und quer durch die Lüfte, und eben sie versetzen uns in Schrecken, wenn wir wach sind und sie uns begegnen, aber auch im Schlaf, wo wir häufig seltsame Gestalten erblicken und auch Abbilder von denen, die das Tageslicht entbehren müssen [d. h. Verstorbene]. Häufig reißen sie uns, wenn wir entspannt daliegen, auf entsetzliche Weise aus dem Schlummer. Wir sollten aber nicht etwa glauben, dass die Seelen aus der Unterwelt entfliehen und Schatten zwischen den Lebenden herumschweben; auch nicht, dass etwas von uns nach unserem Tod übrig bleiben kann, weil nach seiner Zerstörung der Körper zugleich mit dem Wesen der Seele in seine jeweiligen Ursprungsteilchen zerfällt.

Ein Beweis für die Existenz von Abbildern (54–64)

Zunächst: Da ja bei den Dingen, die klar sichtbar vor uns stehen, viele Dinge Körper (*corpora*)[43] entsenden, die teils locker verstreut sind, wie Holz Rauch entsendet und Feuer Hitzedunst, teils enger miteinander verknüpft sind und dicht zusammengedrängt, wie wenn die Zikaden im Sommer bisweilen ihr glattes Kleid (*tunica*) ablegen und wenn Kälbchen bei ihrer Geburt ganz außen von ihrem Körper Häute abstreifen und ebenso, wie wenn die dahingleitende Schlange ihr Gewand an dornigem Gebüsch auszieht (wir sehen nämlich oft, wie Dornenbüsche durch deren abgelegte, im Wind wehende Häute an Größe zunehmen) – da es sich nun so verhält, muss auch ein feines Bild von den Dingen gesandt werden, ganz außen von ihrer Oberfläche.

Über den Geruchssinn (673–686)

Durch seine Abbild-Theorie kann Lukrez viele Phänomene erklären, die unsichtbar sind und dennoch einen spürbaren Effekt haben.

Und jetzt will ich berichten, auf welche Weise der Zustrom[44] des Duftes die Nase berührt. Zunächst muss es viele Dinge geben, aus denen hervorfließend die mannigfaltigen Duftströme sich heranwälzen, und man muss glauben, dass sie ausströmen und überall verteilt und verstreut werden; doch wegen der verschiedenen Formen [der Duftatome] ist für ein anderes Lebewesen ein jeweils anderer Duft der passendere. Und daher werden durch die Lüfte Bienen vom Geruch des Honigs angezogen, mag es auch von noch so weit her sein, und Geier von Aas; weiter: Die vorausgeschickte Meute der Hunde führt dahin, wohin auch immer der gespaltene Huf der Wildtiere ihren Lauf gelenkt hat, und lange im Voraus riecht die Retterin der Burg der Romulus-Nachfahren, die schneeweiße Gans, den Geruch von Menschen.[45] Weil jeweils ein anderer Geruch anderen Lebewesen gegeben ist, führt er ein jedes zu seiner Nahrung und bringt es dazu, vor schädlichem Gift zurückzuweichen; auf diese Weise werden die Arten der wilden Tiere am Leben gehalten.

Schlafende Tiere, schlafende Menschen (987–1023)

Ja, du wirst sehen, dass kraftvolle Pferde, wenn ihre Glieder im Schlaf liegen, dennoch schwitzen und immer schnauben, dass sie sich anspannen und ihre äußersten Kräfte aufbieten, als ob es um einen Siegespreis ginge, oder ihre Glieder zucken, als ob sich die Schranken für ein Rennen geöffnet hätten. Und in sanftem Schlummer schleudern doch plötzlich die Hunde von Jägern häufig ihre Beine, bellen unvermittelt und ziehen mit ihrer Nase häufig die Luft ein, wie wenn sie die Fährte wilder Tiere aufgenommen hätten und ihr folgen würden. Und wenn sie wach sind, verfolgen sie häufig die leeren Trugbilder von Hirschen, als ob sie sähen, wie diese fliehen – so lange, bis sie wieder zu sich kommen und ihre Verblendung sich zerschlagen hat.

Doch die schmeichelnden Nachkommen, ihre Welpen, an das Haus gewöhnt, lassen nicht ab, ihren Körper zu schütteln und ihn rasch vom Boden zu erheben, als wenn sie unbekannte Gestalten und Gesichter erblickten. Und je wilder ein jeder dieser Nachkommen ist, umso heftiger müssen gerade sie auch im Schlaf toben. Doch die vielfältigen Arten der Vögel fliehen und versetzen mit ihrem Flügelschlag des Nachts die Haine der Götter plötzlich in Unruhe, wenn im sanften Schlaf es ihnen schien, als würden Falken Kämpfe und Schlachten gegen sie führen, sie dabei verfolgen und ihnen nachfliegen.

Nun aber weiter mit den Menschen: Der Geist des Menschen, der durch große Bewegungen Großes schafft, handelt und verhält sich im Schlaf häufig ebenso – er bezwingt Könige, wird gefangen genommen, beginnt Kämpfe, erhebt Geschrei, als wenn er ebenda erwürgt würde. Viele kämpfen auf Leben und Tod und stöhnen vor Schmerzen, sie erfüllen alles mit lauten Schreien, wie wenn sie dem Biss eines Panthers oder eines tobenden Löwen überlassen würden. Viele sprechen im Schlaf über wichtige Dinge und waren oft schon Beweis ihres eigenen Verbrechens. Viele sterben. Viele geraten außer sich vor Schreck wie die, die mit ihrem ganzen Körper hoch oben von den Bergen zur Erde hinabstürzen, und aus dem Schlaf kommen sie, wie Wahnsinnige, kaum wieder zu sich, zitternd vom Aufruhr ihres Körpers.

Liebeswahn und Liebesleid – und was man dagegen unternehmen kann (1058–83)

Auch Verliebtsein und Liebe können – ähnlich wie die Furcht vor den Göttern oder dem Tod – verhindern, dass der Mensch in Seelenruhe lebt. Wenn der Mensch verliebt ist oder liebt, befindet er sich in einer Form von Wahn, der sein Urteilsvermögen einschränkt.

Das [d. h. wahnhafte Liebeslust] ist Venus für uns;[46] von da aber kommt unser Name für die Liebe (*amor*)[47] und davon fiel zuerst in unser Herz jener Tropfen von Venus' Süße, darauf folgte frostige Sorge. Denn wenn, was du liebst, abwesend ist, sind doch Bilder davon gegenwärtig und der Name klingt süß in deinen Ohren. Aber man sollte diese Bilder meiden und sich die Nahrung für die Liebe versagen, sollte seinen Sinn anderen Dingen zuwenden und die Flüssigkeit, die sich in einem angesammelt hat, in irgendwelche anderen Körper schleudern und sie nicht zurückhalten, wenn man einmal hingewandt ist durch die Liebe zu einer einzigen Person, und damit Sorge und sicherem Schmerz vorbeugen; denn das Geschwür [der Liebeskrankheit] gewinnt an Lebenskraft und nistet sich ein, wenn man ihm Nahrung gibt. Und von Tag zu Tag nimmt dein Wahn unvermerkt zu und deine Not wird schlimmer, wenn du nicht die ersten Wunden mit neuen Schlägen verwirrst und, selbst umherschweifend, durch die überall umherschweifende Venus [gemeint ist eine Prostituierte] die zuvor noch frischen Wunden heilst oder die Erregungen deines Geistes anderswohin wenden kannst. Wer die Liebe (*amor*) meidet, muss nicht auf die Genüsse der Venus verzichten, sondern vielmehr die Annehmlichkeiten wählen, auf die keine Strafe steht; denn ohne Zweifel ist die Lust (*voluptas*),[48] die daher kommt, reiner für die Gesunden als für die Kranken, die glühende Leidenschaft von Liebenden brandet nämlich genau zum Zeitpunkt der Erfüllung in ungewissen Verirrungen auf, und sie sind sich nicht sicher, was sie zuerst mit ihren Augen und den Händen genießen sollen. Was sie [vom anderen] zu fassen bekommen haben, drücken sie fest und bereiten dem Körper Schmerz, sie schlagen oft ihre Zähne in die Lippen [des anderen], küssen sich heftig, weil ihre Leidenschaft nicht rein ist und Stachel darin verborgen sind, die anspornen, gerade das zu verletzen – was auch immer es ist –, wo der Ursprung jener Raserei liegt.

Liebe muss nicht blind machen (1146–76)

Unerfüllte Liebe führt zu großem Leiden. Daher ist es ratsam, gar nicht erst der Liebe zu verfallen. Ist es einmal passiert, bedarf es viel Mühe, sich wieder aus den Fesseln der Liebe zu befreien. Es gibt aber Mittel und Wege.

Denn zu vermeiden, dass wir in die Netze der Liebe geschleudert werden, ist nicht so schwer, wie aus eben diesen Netzen herauszukommen, hat man sich einmal darin verfangen, und die starken Fesseln der Venus zu sprengen. Und obgleich du auch eingewickelt bist und bewegungsunfähig, könntest du wohl der Bedrohung entkommen, wenn du dir nur selbst nicht im Weg stehst und alle Fehler ihres Geistes zunächst übersiehst oder die Fehler, die der Körper derjenigen hat, nach der es dich verlangt und die du willst. Denn das tun meistens die Männer, blind vor Begehren (*cupido*), und sie schreiben den Frauen Vorzüge zu, die diese in Wahrheit gar nicht haben. [...] Eine, die feurig ist, boshaft und geschwätzig, wird zum »Kerzchen« (*lampadium*).[49] Zum »slender darling«[50] wird sie dann, wenn sie vor lauter Magerkeit nicht leben kann; eine aber, die durch ihren Husten schon tot ist, ist zart.

[...] Doch mag ihr Gesicht auch von noch so großer Schönheit sein, ein Gesicht, aus dem sich in allen Teilen die Macht der Venus zeigt: Es gibt wirklich auch noch andere; und wirklich: wir haben vorher auch ohne sie gelebt; und ja: auch sie tut alles, was eine Hässliche tut, und beräuchert sich selbst, die Bemitleidenswerte, mit ekelerregenden Düften, so dass die Mägde vor ihr weit Reißaus nehmen und sie verstohlen auslachen.

Wie sich das Aussehen vererbt (1208–32)

Lukrez verdammt die Liebe nicht vollkommen. Am Schluss des 4. Buches steht eine Sektion, in der der Liebesakt als für beide Geschlechter erfüllend beschrieben wird und in der Lukrez den Blick öffnet auf das, was aus der liebenden Vereinigung entsteht.

Und wenn durch die Vermischung des Samens die Frau durch ihre plötzliche Zeugungskraft einmal die männliche Kraft überwältigt und besiegt hat, dann entstehen aus dem mütterlichen Samen Ebenbilder der Mütter, aus den väterlichen Ebenbilder der Väter. Doch du siehst auch, dass manche die Gestalt beider haben, wenn sie die Gesichtszüge der Eltern dicht beieinander vermischen. Sie erwachsen aus dem Körper und Blut von Vater und Mutter, weil die wechselseitige Liebesglut zusammenwirkt und weil sie die Samen, die durch die Triebstacheln der Venus in Bewegung gesetzt wurden, in den Gliedern beim direkten Aufeinandertreffen hat verschmelzen lassen. Keiner von ihnen ist also der Sieger und keiner der Besiegte. Zuweilen geschieht es auch, dass Ebenbilder der Großeltern auftreten und sie oft die Gestalt der Urgroßeltern wieder zurückbringen, und zwar deswegen, weil die Eltern häufig in ihrem Körper viele Ursprungsteilchen verborgen halten, die auf vielfältige Weise miteinander vermischt sind. Diese Teilchen, die beim Ursprung der Familie ihren Anfang nehmen, vererben die Väter weiter an die Väter: Venus erschafft nach wechselndem Los daraus die Gestalten, und sie bringt Gesichtszüge, Stimmen und Haare der Vorfahren zurück, da dies ja nichtsdestoweniger aus einem bestimmten Samen entsteht als unser Gesicht, unsere Körper und unsere Gliedmaßen. Auch das weibliche Geschlecht entsteht aus dem Samen des Vaters, und aus dem mütterlichen Körper geht der männliche Spross hervor. Immer nämlich besteht die Zeugung aus doppeltem Samen [d. h. aus dem Samen der Frau und dem Samen des Mannes]; und wem von beiden das, was daraus entsteht, ähnlicher ist, von dem hat es mehr als die Hälfte.[51] Das dürftest du klar unterscheiden können, sei es ein Nachkomme von Männern, sei es ein weibliches Geschlecht.

5. Buch: Kosmologie und Kulturgeschichte des Menschen

Lob Epikurs (1–90)

Lukrez eröffnet das Proömium zum 5. Buch mit einem Redegestus, der häufig verwendet wird, um der Größe und Verehrungswürdigkeit einer Person oder eines Gottes Ausdruck zu verleihen: Er betont, dass es kaum möglich sei, Epikur und seine Verdienste angemessen durch seine Dichtung darzustellen. Eine weitere Strategie besteht im Vergleich mit Herkules, der im Mythos die ihm auferlegten Aufgaben dank seiner übermenschlichen Fähigkeiten bewältigt.

Wer ist imstande, mit Mut und Verstand, ein Gedicht zu verfassen, das der Erhabenheit der Dinge und dieser Entdeckungen [gemeint sind die Erkenntnisse Epikurs] würdig ist? Wer vermag mit seinen Worten so Großes zu bewirken, dass er durch seine Dichtung die Verdienste dieses Mannes [Epikurs] angemessen verherrlichen kann, der uns einen solchen Schatz hinterlassen hat, einen Schatz, den er mit seinem Verstand erstrebt und erworben hat? Ich glaube: Niemanden wird es da geben, der einem sterblichen Körper entsprossen ist. Denn wenn man es sagen muss, wie es die einmal erkannte Erhabenheit der Dinge selbst verlangt, dann war jener ein Gott, ruhmreicher Memmius,[52] ein Gott, der als Erster die Einsicht in das Leben fand, die man nun Philosophie (*sapientia*) nennt, und der durch seine Kenntnis (*ars*) unser Leben aus solch heftigen

Stürmen und solch tiefer Dunkelheit zu so großer Ruhe gebracht und in so hell strahlendes Licht versetzt hat. Nimm doch zum Vergleich die früheren Entdeckungen göttlicher Natur, die von anderen gemacht wurden. Ceres nämlich habe, so sagt man, bei den Sterblichen das Getreide, Liber das Nass des Rebensafts eingeführt;[53] doch freilich könnte man auch ohne diese Dinge am Leben bleiben, wie die Kunde geht, dass manche Völker auch heute noch so leben. Doch ohne ein geläutertes Herz könnte man kein gutes Leben führen; umso mehr scheint er uns mit gutem Grund ein Gott zu sein: Durch ihn beruhigen die süßen Tröstungen für das Leben, weithin verteilt über die Völker, sanft die Menschen.

Wenn du aber meinst, dass die Taten des Herkules die jenes Mannes übertreffen, wirst du dich weit von der wahren Einsicht entfernen. Was sollte uns nämlich jetzt der riesige Rachen jenes nemeischen Löwen schaden und der struppige arkadische Eber?[54] Was schließlich könnte der kretische Stier anrichten, was die Heimsuchung von Lerna, die Hydra, umzüngelt von giftigen Schlangen?[55] Und was die Kraft des Geryon mit seinen drei Leibern und die Pferde des Thrakers Diomedes mit ihren feuerschnaubenden Nüstern, nahe der Gegend der Bistonen und des Ismaros?[56] Und der schuppige Drache, der die glänzenden, goldenen Äpfel der Hesperiden scharf blickend bewacht und sich mit seinem riesigen Körper um den Stamm des Baumes windet,[57] welchen Schaden könnte er denn anrichten? Er lebt nahe dem atlantischen Strand und den grimmigen Gestaden des Meeres, wohin keiner von uns geht und auch kein Barbar wagt, einen Fuß zu setzen.

Und noch andere Ungeheuer dieser Art, die vernichtet

wurden: wenn sie nicht getötet worden wären, wie könnten sie uns denn schaden, wenn sie noch lebten? Gar nicht, meine ich: Die Erde wimmelt nämlich auch heute im Überfluss von wilden Tieren und ist von ängstlicher Unruhe und Schrecken überall erfüllt in Hainen, hohen Bergen und tiefen Wäldern. Es steht aber doch meist in unserer Macht, diese Orte zu meiden.

Doch wenn unser Herz nicht geläutert ist, in welche Kämpfe und Gefahren müssen wir uns dann begeben, ohne es zu wollen! Welch große und stechende Sorgen vor den Begierden und ebenso, welch große Furcht zerfleischen dann den beunruhigten Menschen! Und was ist mit Hochmut, Unflätigkeit und Frechheit? Welches Unheil richten sie an! Wie verhält es sich mit Ausschweifungen und Faulheit? Wer all dies unter Kontrolle gebracht und nur durch Worte, nicht durch Waffengewalt, aus seinem Herzen vertrieben hat, wird dieser Mensch [Epikur] nicht zu Recht für würdig geachtet, mit den Göttern in eine Reihe gestellt zu werden? Zumal da er nach Art eines Gottes vieles über die unsterblichen Götter selbst zu äußern pflegte und die Natur der Dinge (*rerum natura*) uns vollständig durch seine Worte offenbarte.

Lukrez wendet sich nun dem Inhalt des 5. Buches zu. Dazu fasst er zunächst kurz zusammen, welche Schwerpunkte die ersten vier Bücher hatten, und gibt dann eine ausführliche Inhaltsangabe des Folgenden.

Und indes trete ich in seine Spuren, folge seinen Lehren nach und lege mit Worten dar, nach welcher Gesetzmäßigkeit alles erschaffen ist, wie notwendig es ist, dass alles nach diesem Gesetzt fortbesteht und dass nichts in der Lage ist, die feste Ordnung der Zeit aufzulösen;[58] auf jene Art und Weise, so wurde herausgefunden, besteht zunächst vor allem das Wesen der Seele, weil sie aus sterblichem Stoff erschaffen ist; sie kann die langen Zeitalter hindurch nicht unversehrt überdauern,[59] aber Abbilder (*simulacra*)[60] von ihr pflegen unseren Geist zu täuschen, wenn es uns scheint, wir sähen einen, der doch schon verstorben ist. Nach alldem hat mich die Abfolge der Lehre schließlich dahin gebracht, dass ich noch Aufschluss darüber zu geben habe, dass die Welt erschaffen worden ist und zugleich aus sterblichen Körpern besteht. Außerdem habe ich zu schildern, auf welche Weise jene Vereinigung des Stoffes die Erde erzeugt hat und den Himmel, das Meer, Sterne und Sonne und die Mondkugel; dann, welche Lebewesen aus der Erde entstanden sind und welche nie erschaffen wurden; auch, wie das Menschengeschlecht (*genus humanum*) begonnen hat, verschiedenartige Rede untereinander zu gebrauchen durch die Benennung der Dinge; wie jene Furcht vor den Göttern in die Herzen der Menschen drang, die überall auf der Erde über Heiligtümer, Tempel, Gewässer, Haine, Altäre und Götterbilder wacht. Außerdem werde ich den Lauf der Sonne und die Bahnen des Mondes erklären und durch welche Macht die Natur sie im Kreis lenkt; dies alles lege ich dar, damit wir nicht vielleicht doch glauben, sie durchwanderten ihre ewigen Bahnen zwischen Himmel und Erde ganz frei und von selbst, um gehorsam den Ertrag der Früchte und die Zahl der Lebewesen zu vergrößern, und auch damit wir nicht denken, sie führten ihre Bahnen gelenkt durch irgendeine göttliche Vernunft aus.

Denn wer richtig gelernt hat, dass die Götter ihr Leben frei von Sorgen verbringen, wenn der sich indessen doch einmal wundert, wie alles sich denn vollziehen kann, zumal bei jenen Dingen, die man über unseren Köpfen in den luftigen Gefilden des Himmels erblickt, der kehrt wieder zurück in den alten Zustand von Gottesfurcht und Aberglaube und erkennt die strengen Herrscher wieder an. Diese bemitleidenswerten Geschöpfe glauben, dass diese Herren allmächtig seien, ohne dabei zu wissen, was sein kann und was nicht und wie doch alles eine begrenzte Macht hat und einen tief verankerten Grenzstein (*terminus*).[61]

Die Entstehung des Kosmos (416–448)

Auf welche Weise jenes Zusammenströmen des Stoffes (*materia*) die Erde, den Himmel, das tiefe Meer und die Bahnen der Sonne und des Mondes begründet hat, will ich nun der Reihe nach darstellen. Denn sicher haben sich die Ursprungsteilchen der Dinge (*primordia rerum*), ein jedes in seiner Ordnung, nicht mit scharfsinnigem Verstand zusammengefunden und freilich auch nicht vereinbart, welche Bewegungen sie anstoßen sollen, sondern weil die Ursprungsteilchen der Dinge in ihrer Vielzahl auf ganz unterschiedliche Weise und schon seit unendlich langer Zeit durch Stöße und ihr eigenes Gewicht in Bewegung versetzt sind und sie für gewöhnlich, wenn sie angestoßen wurden, dahineilen, auf alle nur erdenkliche Weise zusammenkommen und erproben, was sie alles hervorbringen können, wenn sie miteinander eine Verbindung eingegangen sind, – deshalb geschieht es, dass schließlich die Teilchen, die verstreut sind durch die ewige Zeit hindurch, zusammenkommen, indem sie jede Form von Verbindung und Bewegung austesten, die Teilchen, die, nachdem sie einmal spontan zusammengefunden haben, oft zum Anfang großer Dinge werden, wie der Erde, des Meeres und Himmels sowie der verschiedenen Lebewesen.

Hier konnte man damals noch nicht die Sonnenscheibe mit ihrem reichen Licht sehen, wie sie hoch am Himmel dahinzog, auch nicht die Sterne der weiten Welt, nicht das Meer, nicht den Himmel, außerdem auch nicht die Erde, nicht die Luft und nicht eine Sache, die unseren heutigen Dingen ähnlich war. Es entstanden vielmehr ein neuer Sturm und ungestalte Masse aus den Ursprungsteilchen jeder Art, deren Widerstreit die Abstände, Bahnen, Verbindungen, Gewicht, Zusammenstöße, Verbindungen und Bewegungen in Verwirrung versetzte und in einem Kampf aufmischte wegen der ungleichen Formen und der verschiedenen Gestalten. Nicht alles konnte nämlich so in diesen Verbindungen bleiben und untereinander die passenden Bewegungen ausführen. Darauf begannen die Teile auseinanderzustreben, und Gleiches begann sich mit Gleichem zu verbinden. Sie setzten an, die Welt abzusondern, ihre einzelnen Glieder abzuspalten und die großen Teile passend zu ordnen, das heißt, von der Erde den hohen Himmel zu trennen und das Meer, damit es, abgesondert, weithin sich öffnen könnte nach der Abspaltung seiner Wassermassen, und ebenso, abgesondert, die hellen, abgeschiedenen Feuer des Äthers.

Wie das Leben auf der Erde begann (783–815)

Nachdem Lukrez dargestellt hat, wie die Welt aus der chaotischen Masse der Atome entstanden ist, wendet er sich dem Leben auf der Erde zu.

Zu Beginn schuf die Erde die Arten der Gräser und umgab die Hügel mit grün schimmerndem Glanz; die blühenden Wiesen leuchteten weit über alle Ebenen hin in ihrer grünen Farbenpracht. Hierauf setzte der gewaltige Wettstreit der Bäume ein, ungehindert in die Lüfte emporzuwachsen. Wie zuerst Flaumfedern, Haare und Borsten entstehen an den Gliedern der Vierfüßler und am Körper der geflügelten Wesen, so hat die junge Erde damals zunächst Gräser und Büsche wachsen lassen, darauf hat sie dann die sterblichen Wesen (*mortalia saecla*) erschaffen: mannigfaltig, auf vielerlei Art und ganz unterschiedliche Weise entstanden sie. Denn vom Himmel gefallen können die Lebewesen nicht sein, und diejenigen, die auf der Erde leben, werden auch nicht aus salzigen Wasserlachen herausgekrochen sein: Es bleibt also übrig, dass die Erde (*terra*) zu Recht den Namen »Mutter« (*maternum nomen*)[62] erlangt hat, da ja alles aus der Erde erschaffen wurde. Auch jetzt noch kommen ja viele Lebewesen aus der Erde zum Vorschein, die sich durch Regen und den warmen Dunst der Sonne gebildet haben. Es ist daher auch umso weniger ein Wunder, wenn damals noch mehr und größere Lebewesen entstanden sind, erwachsen aus der jungen Erde und dem Äther.

Am Anfang haben das Geschlecht der geflügelten Wesen und die mannigfaltigen Vögel die Schalen ihrer Eier hinter sich gelassen, nachdem sie zur Zeit des Frühlings geschlüpft waren, so wie heutzutage im Sommer die Zikaden von selbst ihren glatten Kokon verlassen, um nach Nahrung zu suchen und zu leben.

Dann, stell dir vor, hat die Erde zum ersten Mal menschliche Wesen hervorgebracht. Wärme und Feuchtigkeit gab es nämlich reichlich auf den Landen. Sobald sich daher irgendwo eine günstige Stelle an einem Ort darbot, wuchs dort ein Mutterleib (*uterus*), der durch Wurzeln mit der Erde verwachsen war; wenn die Zeit reif war und das Alter der Kinder diesen Leib geöffnet hatte, um der Feuchte zu enteilen und zum Tageslicht zu streben, da wandte die Natur die Poren der Erde eben dorthin und ließ aus ihren offenen Adern einen Saft fließen, der Milch ähnelte, wie heute eine jede Frau sich nach ihrer Niederkunft mit süßer Milch füllt, weil jener Strom der Nahrung sich ganz zu den Brüsten hinwendet.

Die Erde im Experimentalstadium (837–848)

Die Erde hat damals auch versucht, viele wunderliche Wesen (*portenta*) zu erschaffen[63] – seltsam waren ihr Aussehen und ihre Glieder: halb Mann, halb Frau (*androgynum*), zwischen beidem und doch keines davon, von beidem entfernt, teils ohne Füße, andere wiederum ohne Hände, sogar stumm manche, in Ermangelung eines Mundes, oder blind ohne Augen, und gefesselt waren manche dadurch, dass ihre Glieder ganz mit dem Körper verwachsen waren. So waren sie nicht in der Lage, auch nur irgendetwas zu tun, sie konnten sich nirgendwo hinbewegen und weder für sie Gefährliches meiden noch sich das verschaffen, was sie brauchten. Auch andere Ungeheuer (*monstra*) und Wunderwesen (*portenta*) von dieser Art schuf die Erde – doch umsonst: Denn die Natur verbot ihnen die Vermehrung, und sie konnten weder die von ihnen ersehnte Blüte des Alters erreichen noch sich durch die Macht der Venus vereinigen.

Das Leben der primitiven Menschen (925–933; 953–959; 988–993)

Das Menschengeschlecht, das auf den Feldern lebte, war aber zu dieser Zeit viel rauer, wie es wohl sein musste, weil die raue Erde es hervorgebracht hatte und es in seinem Innern auf größere und stärkere Knochen gegründet war, verbunden durch starke Sehnen im Fleisch. Es konnte weder durch Hitze noch durch Kälte leicht Schaden nehmen, auch nicht durch neuartige Nahrung oder irgendein körperliches Gebrechen. Und das Geschlecht der Menschen brachte sein Leben nach Art umherstreifender Tiere zu, über viele Jahre, während die Sonne über den Himmel zog.

Die Menschen verstanden es noch nicht, Dinge mit Feuer zu bearbeiten, und auch Felle wussten sie nicht zu nutzen und ihren Körper zu kleiden mit der Haut wilder Tiere, die sie erjagt hatten, sondern sie bewohnten Haine, Berghöhlen und Wälder, und sie verbargen ihre schmutzstarrenden Glieder zwischen Sträuchern, dazu gezwungen, peitschenden Winden und Regengüssen auszuweichen. Sie waren auch noch nicht in der Lage, auf das gemeinsame Wohlergehen Rücksicht zu nehmen, wussten weder gemeinsame Sitten noch Gesetze im Zusammenleben zu gebrauchen.

Damals nicht viel mehr Sterbliche als heute, ließen sie das ihnen so angenehme Licht des Lebens unter Wehklagen zurück. Zu jener Zeit diente nämlich jeder Einzelne von ihnen wilden Tieren als lebendige Nahrung, weil er recht häufig angefallen und von deren scharfzahnigem Schlund verschlungen wurde. Und er erfüllte dann die Haine, Berge und Wälder mit seinen Schmerzensschreien, sich selbst dabei zusehend, wie seine lebendigen Eingeweide in einem lebendigen Grab begraben werden.

6. Buch: Naturerscheinungen

Lob Epikurs (1–34)

Athen, die Stadt mit den glänzenden Namen, hat einst als Erste den leidenden Sterblichen fruchtbringende Saaten geschenkt, hat dem Leben neue Kraft gegeben und hat Gesetze erlassen, hat auch als Erste dem Leben süßen Trost verschafft, als sie einen Mann [Epikur] hervorbrachte von unvergleichlichem Mut, der einstmals alles (*omnia*) seinem wahrheitskündenden Mund entströmen ließ;[64] wegen seiner göttlichen Erkenntnisse, die sich unter den Menschen weit verbreitet haben, wird sein schon lange währender Ruhm auch nach seinem Tod zu den Sternen gehoben.

Als dieser nämlich sah, dass den Sterblichen die Dinge, die zum Erhalt des Lebens dringend notwendig sind, bereits fast gänzlich zur Verfügung standen und dass das Leben an sich, soweit als möglich, gesichert war, als er zudem sah, dass die Menschen Macht im Überfluss besaßen durch Reichtum, Ehre und Ruhm und dass sie sich noch weiter hervortaten durch den guten Ruf ihrer Söhne, dass aber die Menschen zu Hause trotzdem nicht weniger ängstlich waren und ohne Unterlass sich mit ihrem Leben abquälten, ohne es zu wollen, und dass sie zu wütendem Klagen gedrängt wurden, da erkannte er, dass das Gefäß[65] selbst die Verderbnis verursacht und dass durch dessen Fehlerhaftigkeit alles, was sich darin befindet, zunichtegemacht wird und auch alles, was, draußen gesammelt, an Gutem hineinkommt; teils erkannte er dies, weil er sah, dass das Gefäß leck und durchlöchert war, so dass es nie auch nur ansatzweise gefüllt werden konnte; teils beruhte seine Erkenntnis auf der Wahrnehmung, dass das Gefäß alles, was es aufgenommen hatte, in seinem Inneren mit einem widerlichen Geschmack gleichsam verunreinigte. Daher reinigte er mit seinen die Wahrheit sagenden Worten die Herzen und setzte Begierde und Furcht eine Grenze. Er zeigte das höchste Gut (*summum bonum*),[66] nach dem wir alle streben, zeigte, was es ist, und wies den Weg, wie wir möglichst schnell und geradewegs zu ihm eilen können; auch verwies er uns darauf, was es an Bösem überall in den Angelegenheiten der Sterblichen gibt, dann, was auf natürliche Art und Weise entsteht und in vielfältiger Form um uns herumschwirrt – sei es zufällig oder aus Zwang –, weil die Natur es so eingerichtet hat; nicht zuletzt hat er uns auch gezeigt, aus welchen Toren man gegen eine jede Widrigkeit vorstoßen soll, und er legte dar, dass das Menschengeschlecht in seiner Brust häufig umsonst die dunklen Wogen der Bekümmernis wälzt.

Donner und Blitz (96–120; 160–172)

Die epikureische Philosophie mit ihrem Welterklärungsmodell eröffnet dem Menschen die Möglichkeit, ohne Furcht in Seelenfrieden zu leben. Hier zeigt Lukrez, dass man sich auch nicht vor Naturphänomenen wie Blitz und Donner fürchten muss, die rational erklärbar sind.

Den Anfang macht folgendes Himmelsphänomen: Das tiefe Blau des Himmels wird durch Donner erschüttert, weil die in der Höhe fliegenden Wolken des Äthers zusammenprallen, wenn die Winde miteinander im Streit liegen. Es entsteht nämlich nie Donnergrollen aus einem heiteren und unbewölkten Bereich des Himmels, sondern vielmehr überall dort, wo die Wolken in einem recht dichten Schwarm zusammengepackt sind, erhebt sich recht häufig das Dröhnen mit tiefem Grollen. (Außerdem können die Wolken weder eine so dichte Masse bilden wie Steine oder Holz, noch sind sie so fein wie Nebel oder dahinfliegender Rauch; denn wenn sie so beschaffen wären, müssten die Wolken entweder vom Himmel herabfallen, niedergedrückt von ihrem schweren Gewicht wie Steine, oder sie könnten, ähnlich wie Rauch, nicht in ihrer Gestalt bestehen bleiben. Sie könnten dann in sich auch nicht eisigen Schnee und Hagelschauer bergen.)

Getöse verursachen die Wolken auch über die offene Weite des Himmelsgewölbes hin, so wie ein Sonnensegel, das bisweilen in großen Theatern aufgespannt ist, ein donnerndes Geräusch von sich gibt, wenn es hin und her gepeitscht wird zwischen den Masten und Balken.[67] Manchmal rast es wie von Sinnen, wenn es von einem heftigen Windstoß zerrissen worden ist, und gibt ein Geräusch von sich, das an zerreißendes Papier erinnert (auch diese Art kannst du nämlich im Donnern hören), oder wie wenn durch Windstöße ein aufgehängtes Kleid oder flatterndes Papier hin und her durch die Lüfte gewirbelt und gepeitscht wird. Es geschieht auch manchmal, dass die Wolken nicht so sehr frontal zusammenstoßen können als vielmehr seitwärts aneinander vorbeischrammen und sich ihre Leiber dabei in unterschiedlicher Bewegung langsam reiben. Daher streift spürbar jenes trockene Geräusch des

Donners unsere Ohren und zieht sich lange Zeit hin, bis sich die Wolken dann wieder aus der Enge herausgezwängt haben.

Es blitzt, wenn die Wolken bei ihrem Zusammenprall viele Feueratome (*ignis semina*) herausgeschleudert haben, wie wenn Stein oder Eisen auf Stein schlägt; auch dann nämlich springt ein Leuchten hervor und das Feuer verbreitet die hellglänzenden Funken. Doch es verhält sich so, dass wir das Donnern mit unseren Ohren vernehmen, nachdem unsere Augen schon das Blitzen wahrgenommen haben. Der Grund dafür ist der folgende: Das, was den Gehörsinn reizt, gelangt stets langsamer zum Ohr, als zu den Augen das gelangt, was den Sehsinn reizt. Das kann man auch hieraus erkennen: Wenn du von Ferne dabei zuschaust, wie jemand mit der Doppelaxt einen starken Baum fällt, ist es so, dass du den Hieb siehst, bevor das Geräusch des Schlags zu deinen Ohren dringt; so sehen wir auch den Blitz, bevor wir den Donner wahrnehmen, der zur gleichen Zeit wie das Feuer und aus einem ähnlichen Grund aus den Wolken geschleudert wird, denn er ist aus demselben Zusammenstoß entstanden.

Erdbeben (535–556; 596–607)

Lukrez widmet sich im 6. Buch nicht nur den Himmelsphänomenen, er erläutert auch, wie todbringende und erschreckende Naturereignisse zustande kommen. Auf diese Weise sind Vulkanausbrüche oder Erdbeben nicht als Strafe zürnender Götter zu verstehen, sondern als Vorgänge, die für das menschliche Auge unsichtbar unter der Erde vor sich gehen. Nichtsdestotrotz lassen sie sich bis ins Detail erklären.

Und nun lass dir erklären, warum Erdbeben stattfinden. Stell dir zunächst vor, dass die Erde unten ebenso wie oben überall durchsetzt ist von Höhlen, die der Wind durchströmt, und dass sie in ihrem Schoß (*gremium*)[68] viele Seen und Vertiefungen trägt und Felsen und abschüssige Klippen; es ist auch anzunehmen, dass unter dem Rücken der Erde [gemeint ist die Erdoberfläche] viele Flüsse im Verborgenen kraftvoll ihre Ströme und auf den Grund versenktes Gestein voranwälzen: Die Sache an sich verlangt nämlich, dass sie überall sich selbst ähnlich sei.[69] Wenn diese Dinge folglich unten mit der Erde verbunden sind und sich unter ihrer Oberfläche befinden, bebt die Erde oben, heftig erschüttert von gewaltigen Einstürzen, sobald drunten das Alter riesige Höhlen zum Einsturz gebracht hat; ja, da fallen ganze Gebirge in sich zusammen, und plötzlich breitet sich durch die heftige Erschütterung von dort das Beben in verschiedene Richtungen aus. Und mit Recht kann die Entstehung von Erdbeben so erklärt werden, da ja ganze Häuser, die sich in der Nähe einer Straße befinden, von vorbeifahrenden Wagen erschüttert werden und zittern, auch bei kleinem Gewicht, und nicht weniger hüpfen die Wagen selbst empor [...][70] bringt auf beiden Seiten die eisenbeschlagenen Radfelgen ins Wanken. Es kommt auch vor, wenn nach langem Bestehen ein riesiger Brocken von der Erde abbricht und sich in große Gewässer und weite Abgründe wälzt, dass dann auch die Erde durch die Gewalt der Wassermassen schwankt und hin und her gerüttelt wird; wie bisweilen ein Gefäß erst wieder fest stehen kann, wenn die wankende und wogende Flüssigkeit darin wieder zur Ruhe gekommen ist.

Abschließend wendet sich Lukrez dem Umgang der Menschen mit diesen unvorhersehbaren Naturerscheinungen zu:
Daher zittern die Menschen in den Städten, erfüllt von doppeltem Schrecken: Sie haben Angst vor dem Einsturz ihrer Häuser von oben, und sie befürchten, dass von unten sich plötzlich die Höhlungen der Erde öffnen könnten und dass die Erde dann, auseinandergerissen, ihren Schlund weit aufsperren könnte, um sich, wenn sie sich dann mit sich selbst vermischt, mit ihren eigenen Trümmern zu füllen. Deswegen: Mögen die Menschen auch noch so fest daran glauben, dass der Himmel und die Erde unversehrt existieren werden und der ewigen Sicherheit in Obhut gegeben sind – bisweilen sticht uns, nicht wegzuleugnen, die Macht der Gefahr auch mit diesem Stachel der Ängste, nämlich dass die Erde, plötzlich unter unseren Füßen weggerissen, in einen tiefen Abgrund stürzen und schlicht alles ihr dahin nachfolgen könnte und dass der chaotische Untergang der Welt sich ereigne.

Die Pest in Athen (1252–86)

De rerum natura *schließt mit der Beschreibung einer verheerenden Pest in Athen.*[71] *Lukrez schildert zunächst den Ursprung und die Symptome dieser Krankheit, dann die Konsequenzen, die die Seuche für das menschliche Zusammenleben hat. Mit den folgenden Versen schließt das Gedicht:*

Außerdem siechten durch die Krankheit schon der Hirte dahin und der Knecht des Großviehs, so auch der starke Lenker des gebogenen Pfluges, und tief drinnen in ihrer Hütte lagen ihre Körper zusammengepfercht da, durch Armut und Krankheit dem Tod ausgeliefert. Nicht selten hättest du über entseelten Kindern die Körper der entseelten Eltern sehen können und umgekehrt Kinder, wie sie über ihren Müttern und Vätern ihr Leben aushauchen. Man mühte sich, die einsamen Begräbnisse ohne Begleitung hastig durchzuführen.

Dieses Betrübnis ist nicht zum geringsten Teil vom Land in die Stadt geflossen, die von der Krankheit schon matte Schar der Bauern brachte sie mit, als sie dort aus allen schon von der Krankheit betroffenen Gegenden zusammenströmte. Sie füllten alle Plätze und Häuser; der Tod türmte umso höher die von der Hitze Gestorbenen, haufenweise. Viele Körper, vor Durst auf die Straße niedergeworfen, wanden sich zu den wasserspendenden Brunnen, lagen da und pflasterten den Boden. Von der allzu gierig genossenen Wonne des Wassers wurde ihnen der Lebensatem abgeschnitten. Du hättest sehen können, wie viele dahinsiechende Glieder, nur noch halb am Leben, am grässlichen Unrat ihres Körpers zugrunde gehen, überall verteilt auf öffentlichen Plätzen und auf den Straßen, bedeckt von entsetzlichem Schmutz und von Lumpen, dabei nur noch Haut und Knochen, beinahe schon begraben unter abscheulichen Geschwüren und Dreck.

Der Tod hatte schließlich alle heiligen Stätten der Götter mit entseelten Körpern gefüllt, und überall verblieben die Tempel der Himmlischen vollständig mit Leichen beladen: Die Tempelhüter hatten diese Orte mit Gästen gefüllt. Die

Verehrung der Götter und auch das göttliche Wirken galten nämlich nicht mehr viel. Das Leiden der Gegenwart überschattete alles. Auch die seit alters gepflegten Bräuche bei Begräbnissen, nach denen dieses Volk sich früher immer zu Grabe trug, wurden in der Stadt nicht aufrechterhalten; es befand sich nämlich in völliger Verwirrung und ängstlicher Panik, und ein jeder versuchte voller Trauer seinen Angehörigen zu begraben, wie Zeit und Umstände es zuließen. Der plötzliche Tod und die Armut rieten zu vielem Schrecklichen: Denn die Menschen legten ihre Blutsverwandten unter lautem Geschrei auf die hoch aufgeschichteten Scheiterhaufen Fremder und setzten unten die Fackeln an, dabei stritten sie sich oft lieber bis aufs Blut, als dass sie die Leichen einfach liegen ließen.

Anmerkungen

1 Venus' Sohn, der Trojaner Aeneas, zog nach seiner Flucht aus der im Trojanischen Krieg gefallenen Heimatstadt nach Italien und besiedelte das Land, in dem später Rom gegründet werden sollte.

2 Mit *voluptas* (»Wonne«, »sinnliche Lust«) ruft Lukrez bereits ganz zu Beginn seines Werks einen Zentralbegriff der epikureischen Philosophie auf (vgl. S. 13).

3 Lukrez beschreibt hier, wie die Ankunft der Venus den Frühling in die Welt bringt. Diese Beschreibung hat nachweislich auch Botticelli bei seinem Gemälde *Primavera* (um 1478) beeinflusst.

4 Zu diesem zentralen Ausdruck vgl. S. 11 f.

5 Lukrez spricht hier den Adressaten seines Gedichts an, der mit Gaius Memmius, der einer alten Aristokratenfamilie in Rom angehörte, identifiziert werden kann. Obgleich politisch tätig, hatte Memmius auch Interesse an Literatur: Er schrieb selbst Liebesgedichte (die nach dem Urteil des Ovid aber eher von minderer Qualität waren) und unterstützte unter anderen den Dichter Catull. Ob er auch Lukrez' Patron war, ist unklar.

6 Lukrez verwendet den Ausdruck *lepos* (»Anmut«, »Liebreiz«) an zwei wichtigen Stellen in seinem Proömium: Wenige Verse zuvor sprach er der Venus *lepos* zu, der die Tiere verzaubert und sie dazu bringt, der Göttin zu folgen. Nun wünscht sich Lukrez die Unterstützung der Venus, um auch seinen Versen *lepos* zu verleihen. So sollen sie eine ähnliche Wirkung bei seinen Rezipienten erzielen: Wer das Gedicht liest, soll Epikur und seiner Lehre folgen.

7 In *De rerum natura* lassen sich nur sehr wenige Bezüge zur Gegenwart des Lukrez herstellen. Hier spricht er vom *tempus iniquum patriai*, und es erscheint plausibel, dass er damit die Jahre um 59 v. Chr. meint, in denen sich die Machtverhältnisse in der römischen Republik durch das erste Triumvirat, den Dreimännerbund zwischen Caesar, Pompeius und Crassus (ab 60 v. Chr.), zunehmend verschoben.

8 Gemeint ist: wenn die Menschen wüssten, dass es kein Leben nach dem Tod gibt und auch die Seele sterblich ist.

9 Letztere Vorstellung ist die gängige Meinung. Im Epikureismus ist die Auffassung aber eine andere: Die Seele wird geboren, genauso wie der Körper. Daher ist sie auch sterblich.

10 Dies ist die Vorstellung von der sog. Metempsychose, das heißt der »Wiedereinkörperung« der Seele in einen anderen Körper nach dem Tod des vorherigen.

11 Gemeint sind hier die *simulacra*, »Abbilder«, die sich von den Dingen lösen und in unser Bewusstsein dringen. Die Abbild-Theorie ist Gegenstand des 4. Buches von *De rerum natura*.

12 Lukrez spricht hier – wie noch häufig – seinen Adressaten Memmius an.

13 *Inpellere* bedeutet in seiner Grundbedeutung »anstoßen«. Indem er dieses Verb verwendet, veranschaulicht Lukrez den Effekt, den die körperliche Natur des Geruchs hat, besonders gut: Unsere Sinne werden »angestoßen«.

14 Das heißt mit Blick auf den Inhalt, den diese Wörter und Verse bezeichnen.

15 Dies sind die Ziele, zu deren Erreichen die epikureische Philosophie anleitet.

16 Ein Zitherinstrument mit vier Saiten.

17 Beschrieben wird hier nicht ein tatsächliches Kriegsgeschehen, sondern eine Truppenparade.

18 Neben der Existenz von Materie bildet die Vorstellung eines unendlichen leeren Raums die zweite Grundsäule der epikureischen Physik.

19 Lukrez ruft hier das Bild eines Staffellaufs auf, bei dem der einzelne Läufer seinen Staffelstab – in diesem Fall eine Fackel – an den nächsten weitergibt.

20 Es gibt also zwei Gründe für die unterschiedlichen Richtungen, in die sich Atome bewegen können: Durch ihr Gewicht bewegen sie sich nach unten und durch den Zusammenstoß mit einem anderen Atom in irgendeine andere Richtung. Das Eigengewicht der Atome ist allerdings der alleinige Grund dafür, dass sich die Atome überhaupt bewegen.

21 Damit ein Atom in einem Verbund aus Atomen verbleiben kann, benötigt es nicht nur eine passende Größe und Form, auch seine

Eigenbewegung muss sich mit der der anderen Atome in diesem Verbund harmonisieren lassen.

22 Genau genommen bewegen sich die Staubkörnchen in der Luft, doch Lukrez verwendet an dieser Stelle das Wort *inane* (»Leere«), um die Parallele zu den Atomen noch stärker zu betonen.

23 Nur die Atome besitzen nämlich die Fähigkeit, sich von selbst, das heißt ohne einen äußeren Impuls zu bewegen.

24 Zu Memmius s. Anm. 5.

25 Lukrez hat eine Vorliebe für Wortspiele wie dieses: Die gleiche Wortform, *summa*, wird direkt aufeinanderfolgend verwendet, unterscheidet sich jedoch in ihrer Bedeutung; als Substantiv bezeichnet die *summa* das Ganze, als Adjektiv *summus, -a, -um* beschreibt es die Ruhe, *quies*, näher.

26 Das Tausendgüldenkraut (*centaurium erythraea*) gehört zu den Enziangewächsen. Es schmeckt äußerst bitter und wird auch als Heilpflanze verwendet.

27 Lukrez benutzt hier den Ausdruck: *ad scopulum ire*, was wörtlich übersetzt so viel bedeutet wie »zur Klippe gehen«.

28 Lukrez eröffnet das Proömium mit einem Bild, das von starken Kontrasten lebt: Dunkelheit (*tenebrae*) wird durch Licht (*lumen*) erhellt (*illustrare*). Licht und Dunkelheit spielen in *De rerum natura* immer wieder eine wichtige Rolle als Metaphern, denn in einem übertragenen Sinn lässt sich das Licht mit dem Prozess der Erkenntnis (»Erleuchtung«) verknüpfen, das den Menschen den Weg aus dem Dunkel der Unwissenheit und Furcht zeigt.

29 Der Ausdruck *inventor rerum* ist mehrdeutig, denn *inventor* kann sowohl »Erfinder der Dinge« als auch »Entdecker der Dinge« bedeuten. Es stellt sich daher die Frage, wie das Tun Epikurs, das heißt die von ihm entwickelte philosophische Lehre, zu verstehen ist: Will man hervorheben, dass Epikur mit seiner Lehre eine neue Weltsicht geschaffen hat, ist *inventor* der Erfinder. Will man dagegen betonen, dass die epikureische Philosophie einen neuen Blick auf die Dinge eröffnet, hat man den Begriff als »Entdecker« aufzufassen. Die Übersetzung »Entdecker« wurde hier vorgezogen, da im Wort »entdecken« auch zum Ausdruck kommt, dass etwas zuvor »Verdecktes« offengelegt wird.

30 Gemeint ist der unendliche leere Raum, der an dieser Stelle mit dem Weltall gleichzusetzen ist.

31 Der Acheron ist einer der Unterweltsflüsse; er markiert die Grenze zwischen Ober- und Unterwelt. Dadurch steht er auch für die Unterwelt insgesamt.

32 Die Vorstellung an dieser Stelle ist folgende: Die Erde steht zwischen uns und dem, was darunter liegt. Daher können wir eigentlich keinen Blick auf dieses Darunterliegende werfen und erkennen, wie die Welt funktioniert. Die Philosophie des Epikur aber eröffnet uns diesen Blick über die Grenzen der Welt hinaus.

33 Eine philosophische Streitfrage besteht darin, ob Geist und Seele zwei voneinander strikt zu trennende Einheiten sind oder ob sie als eine Einheit aufzufassen sind. Lukrez ist letzterer Auffassung.

34 Diese Formulierung zeigt ein weiteres Mal, dass Lukrez der Auffassung ist, der Geist (*animus*) sei nur ein Teil der Seele.

35 Das Wort *corpus* (»Körper«) verwendet Lukrez häufig, wenn er von Atomen spricht. »Körperlich« (*corporeus*) bedeutet also »aus Atomen bestehend«.

36 *Regere* und *versare* sind Vokabeln, die in einem konkreten Kontext das Lenken und Wenden eines Schiffes durch den Steuermann bezeichnen. Indem Lukrez dieses Bild aufruft und es auf Geist, Seele und Körper überträgt, kann er das Verhältnis dieser Instanzen zueinander besonders anschaulich machen.

37 Dieser Gedanke ist nicht ganz leicht zu verstehen: Gemeint ist wohl, dass die Zwischenräume zwischen den einzelnen Seelenatomen als groß zu bezeichnen sind, wenn sie im Maßstab »Atom« gemessen werden. Da das Atom aber bereits äußerst winzig ist, muss der Abstand zwischen den Seelenatomen noch geringer sein.

38 Das lateinische Wort, das Lukrez für »sich in einem Spinnennetz verstricken« verwendet, lautet *obretire*. Es setzt sich aus der Präposition *ob-* (»entgegen«) und dem Substantiv *rete* (»Netz«, »Garn«) zusammen. In der gesamten uns überlieferten lateinischen Literatur kommt das Verb *obretire* an keiner weiteren Stelle vor.

39 Dieser botanische Fachausdruck (*pappus*) bezeichnet die haarigen Samen von bestimmten Pflanzen, wie zum Beispiel dem Löwenzahn.

40 Dies ist das argumentative Ziel des größeren Abschnitts: Alles besteht aus Atomen, daher ist auch alles vergänglich.

41 Lukrez widerspricht hier der Vorstellung der Seelenwanderung, wie sie vor allem in der pythagoreischen Philosophie unter dem Begriff der Metempsychose (»Um-Beseelung«) entwickelt wurde: Nach dem Tod des Körpers kann sich die Seele in einen anderen Körper »wiedereinkörpern«.

42 Die Hyrkaner waren ein Stamm am Kaspischen Meer. Ihre Hunde waren bekannt für ihr angriffslustiges Verhalten.

43 Damit sind an dieser Stelle nicht die Atome gemeint, vielmehr geht es Lukrez darum zu zeigen, dass es ein ganz natürlicher Vorgang ist, wenn sich von einem größeren Gegenstand kleinere Teilchen ablösen. Indem er auch für diese kleineren Abspaltungen das Wort *corpora* verwendet, zeigt er implizit, dass dieser Ablösungsvorgang ähnlich auch auf der für das menschliche Auge unsichtbaren Ebene der Atome stattfindet.

44 Um das Wesen des Duftes besonders anschaulich zu machen, verwendet Lukrez eine Vielzahl von Wörtern, die ursprünglich die Bewegungsweisen von Wasser bezeichnen (strömen, fließen, wälzen etc.).

45 Der feine Geruchssinn der Gänse soll der Legende nach die römische Burg (das Kapitol) im Jahr 390 v. Chr. vor dem Ansturm der Gallier gerettet haben: Die Gänse witterten die Menschen und schlugen Alarm, so dass die Römer zumindest die Einnahme des Kapitols verhindern konnten, während der Rest der Stadt belagert wurde.

46 Lukrez personifiziert die Liebe durch Venus, die römische Göttin der Liebe. In den Versen, die diesem Passus vorausgehen, schreibt er über das körperliche Begehren (*cupido*), das zur Befriedigung der Sinneslust (*voluptas*) diene, gerade deshalb aber abzulehnen sei.

47 Die lateinische Entsprechung des Gottes Amor ist Cupido. Er ist der Sohn der Venus. Etymologisch ist Cupido mit dem Verb *cupe-*

re verwandt, was so viel bedeutet wie »begehren« oder »verlangen«. Für Lukrez findet dieser Aspekt der Liebe also im Namen selbst seinen Niederschlag.

48 Das heißt die Lust, die nicht mit für den Menschen und seine Seelenruhe gefährlichen Gefühlen »verunreinigt« ist.

49 Von griech. *lampádion* (»kleine Fackel«).

50 Lukrez verwendet hier den Ausdruck *ischnon eromenion* und damit griechisches Vokabular, wohl um ihn noch gesuchter und damit lächerlicher erscheinen zu lassen. An dieser Stelle wurde die englische Übersetzung von Bailey (1947) zitiert, um einen ähnlichen Effekt zu erzielen.

51 Lukrez' Erklärung liegt wohl die Annahme zugrunde, dass es bei der Zeugung um Mengenverhältnisse geht, das heißt, dass die Eigenschaften von Mutter und Vater nicht im gleichen Verhältnis vererbt werden.

52 Zu Memmius s. Anm. 5.

53 Ceres: Die römische Göttin der Fruchtbarkeit, insbesondere der fruchttragenden Erde, das heißt des Ackerbaus und der Feldfrüchte. – Liber: Altitalisch-römischer Gott der Fruchtbarkeit, insbesondere des Weins.

54 Die Erlegung des nemeischen Löwen und das Einfangen des erymanthischen Ebers (Nemea liegt nahe Korinth, das Gebirge Erymanthos in Arkadien) waren zwei der zwölf Aufgaben, die Herkules auf Befehl der Göttin Hera für seinen Vetter Eurystheus, den Herrscher vor Argos, verrichten musste. Im Folgenden werden weitere Aufgaben genannt.

55 Herkules sollte den Stier einfangen, der die Insel Kreta in seiner Wut verwüstete. – Die Stadt Lerna, in der Nähe von Argos auf der Peloponnes gelegen, wurde von Hydra, einer Schlange mit mehreren, stets nachwachsenden Köpfen heimgesucht. Herkules sollte sie töten.

56 Geryon, ein Riese mit drei Leibern, lebte auf der Insel Erytheia und hütete dort seine prächtigen roten Rinder. Herkules sollte diese Rinder rauben. – Diomedes war der König der Thraker (nicht zu verwechseln mit dem homerischen Helden Diomedes, dem König von Argos) und besaß menschenfressende Pferde, die

Herkules rauben und nach Mykene überführen musste. – Die Bistonen waren ein Volk in Thrakien, der Ismaros ein in Thrakien gelegener Berg.

57 Die letzte Aufgabe des Herkules war es, die goldenen Äpfel aus dem Garten der Hesperiden zu holen. Der Apfelbaum wurde vom Drachen Ladon bewacht.

58 In diesen Versen fasst Lukrez den Inhalt des ersten und zweiten Buches zusammen.

59 Inhalt des 3. Buchs.

60 Inhalt des 4. Buchs.

61 Der *terminus* war in Rom der tief in die Erde eingelassene Grenzstein, der Grundbesitz klar voneinander trennte. Dieses Bild, auf das Lukrez in *De rerum natura* mehrfach rekurriert, veranschaulicht also, dass auch die Götter einen begrenzten Wirkungs- und Kompetenzbereich haben, der, wie der Zusatz »tief eingelassen« betont, auch nicht einfach geändert werden kann. Sie sind daher nicht allmächtig.

62 Lukrez spielt an dieser Stelle mit der Ähnlichkeit der lateinischen Wörter für Erde und Mutter, *terra* und *mater*. Die Silbe *ter* ist in beiden Wörtern enthalten und zeigt so, dass ein Zusammenhang nicht nur auf der Sachebene besteht (die Erde als Mutter), sondern dass dieser Zusammenhang sich auch auf die Ebene des sprachlichen Ausdrucks erstreckt.

63 Lukrez war nicht der Erste, der beschrieb, wie am Anfang der Entwicklung des Lebens auf der Erde auch Wesen erschaffen wurden, die nicht überlebensfähig waren. Beim griechischen Naturforscher und Dichter Empedokles (5. Jh. v. Chr.) finden sich bereits ähnliche Szenarien.

64 Epikur hat in Athen gewirkt und seine Schule gegründet. – *Omnia* bedeutet schlicht »alles«. In der Unbestimmtheit dieser Formulierung liegt jedoch ein wichtiger Punkt: Die epikureische Philosophie ist in der Lage, alles zu erklären und damit die Wahrheit über alles, was es gibt, zu verbreiten.

65 Der lateinische Begriff *vas* veranschaulicht an dieser Stelle die schon bei Platon zu findende Vorstellung vom Geist als einem Gefäß.

66 Die lateinische Phrase *summum bonum* ist die philosophische Standardformulierung für das höchste Ziel, das es im Leben zu erreichen gilt. Sie begegnet auch in anderen philosophischen Strömungen, wie zum Beispiel der Stoa.

67 Das Bild des Theaters und seines Segels, welches zum Schutz vor der Sonne über den Besucherreihen aufgespannt wird, nutzt Lukrez auf ganz unterschiedliche Weise zur Veranschaulichung seiner Lehre. Hier etwa, um ein akustisches Phänomen zu beschreiben. An anderer Stelle (4,77 ff.) illustriert er damit ein visuelles Phänomen: Wenn das Segel farbig ist, wirft es farbiges Licht auf die Zuschauer und taucht das ganze Theater in seine Farbe. So lässt sich nach Lukrez zeigen, dass alle Dinge konstant feine Teilchen absondern.

68 Häufig vermenschlicht Lukrez abstrakte oder unbelebte Dinge, um sie auf diese Weise anschaulicher zu machen. Der »Schoß der Erde« setzt ins Bild, dass die Erde abschüssige Vertiefungen besitzt.

69 Diese recht abstrakte Aussage nimmt Bezug auf Lukrez' Annahme, dass sich die Gestalt der Oberfläche der Erde mit ihren so unterschiedlichen Formationen wie Bergen und Höhlen auch unterhalb dieser sichtbaren Oberfläche wiederfindet. Über einen Analogieschluss plausibilisiert Lukrez also seine Vorstellung von der Gestalt der Erde jenseits des für den Menschen Sichtbaren.

70 Der tatsächliche Wortlaut des folgenden Satzteils lässt sich aus den überlieferten Handschriften nicht mehr rekonstruieren. In der Zusammenschau von Anfang und Ende des Satzes lässt sich aber vermuten, dass Lukrez analog zum leichten Wagen, der Häuser erzittern lässt, beschreibt, wie ein Wagen in ähnlicher Weise durch einen viel kleineren Gegenstand, nämlich einen auf der Straße liegenden Stein, ins Ungleichgewicht gerät.

71 Das Ende des 6. Buches und damit des gesamten Gedichts ist insofern bedeutsam, als Lukrez sich hier sehr eng an einer bereits existierenden Beschreibung der Pest in Athen orientierte. Der griechische Historiker Thukydides (5./4. Jh. v. Chr.) beschreibt im 2. Buch seines *Peloponnesischen Krieges*, wie die Pest in Athen wütete (Kap. 47–52).

Literaturhinweise

Textausgaben und Gesamtkommentare (Auswahl)

Munro, H. A. J.: T. Lucreti Cari De rerum natura libri sex. New York: Deighton, Bell & Co., 1886.
Giussani, C.: T. Lucreti Cari libri sex. 3 Bde. Turin: Loescher, 1896–98.
Bailey, C.: Lucretius. De rerum natura. 3 Bde. Oxford: Clarendon Press, 1947.
Deufert, M.: Kritischer Kommentar zur Lukrezens *De rerum natura*. Berlin/Boston: De Gruyter, 2018.
Deufert, M.: Titus Lucretius Carus. De rerum natura. Berlin/Boston: De Gruyter, 2019.

Gesamtübersetzungen

Diels, H.: Von der Natur. Berlin: Weidmann, 1923 [Versübersetzung.]
Martin, J.: Über die Natur der Dinge. Berlin: Akademie-Verlag, 1972. [Prosaübersetzung.]
Büchner, K.: Welt aus Atomen. Stuttgart: Reclam, 1973. [Versübersetzung.]
Binder, K.: Über die Natur der Dinge. Berlin: Galiani, 2014. [Prosaübersetzung.]

Weiterführende Literatur

Beer, B.: Lukrez und Philodem. Poetische Argumentation und poetologischer Diskurs. Basel 2009.
Cabisius, G.: Social Metaphor and the Atomic Cycle in Lucretius. In: Classical Journal 80 (1985) S. 109–120.
Clay, D.: Lucretius and Epicurus. Ithaca 1983.

Effe, B.: Dichtung und Lehre. Untersuchungen zur Typologie des antiken Lehrgedichts. München 1977.

Erler, M.: Artikel »Epikur« und »Lukrez«. In: Die Philosophie der Antike. Bd. 4: Die Hellenistische Philosophie. Basel 1994. S. 29–202; 381–490.

Fowler, D. P.: From Epos to Cosmos: Lucretius, Ovid, and the Poetics of Segmentation. In: Ethics and Rhetoric. Hrsg. von D. Innes und D. A. Russell. Oxford 1995. S. 3–18.

Gale, M.: Myth and Poetry in Lucretius. Cambridge 1994.

– (Hrsg.): Lucretius. Oxford 2007. [Oxford Readings in Classical Studies.]

Gillespie, S. / Hardie, P. (Hrsg.): The Cambridge Companion to Lucretius. Cambridge 2007.

Greenblatt, S.: Die Wende. Wie die Renaissance begann. München 2012.

Hardie, P.: Lucretian Receptions. History, Sublime, Knowledge. Cambridge 2009.

Kennedy, D.: Rethinking Reality. Lucretius and the Textualization of Nature. Ann Arbor 2002.

Mommsen, T.: Römische Geschichte. Bd. 5. München 1976.

Müller, G.: Die Darstellung der Kinetik bei Lukrez. Berlin 1959.

Noller, E.: Die Ordnung der Welt. Darstellungsformen von Dynamik, Statik und Emergenz in Lukrez' *De rerum natura*. Heidelberg 2019.

Rumpf, L.: Naturerkenntnis und Naturerfahrung. Zur Reflexion epikureischer Theorie bei Lukrez. München 2003.

Schrijvers, P. H.: Seeing the Invisible: A Study of Lucretius' Use of Analogy in the *De rerum natura*. In: Gale (2007). S. 255–288.

Sedley, D.: Lucretius and the Transformation of Greek Wisdom. Oxford 1998.

Serres, M.: La naissance de la physique dans le texte de Lucrèce. Fleuves et turbulences. Paris 1977.

Snyder, J. M.: Puns and Poetry in Lucretius' *De rerum natura*. Amsterdam 1980.

Volk, K.: The Poetics of Latin Didactic. Lucretius, Virgil, Ovid, Manilius. Oxford 2002.